La vie de Tchekhov

Irène Némirovsky

La vie
de Tchekhov

Albin Michel

IRÈNE NÉMIROVSKY a été arrêtée en juillet 1942 à Issy-l'Évêque dans la Nièvre.

Envoyée au camp de Pithiviers, elle en fut déportée peu de jours après.

Personne n'a plus entendu parler d'elle.

Quatre mois plus tard, son mari et ses deux beaux-frères étaient arrêtés. Déportés à leur tour, ils ont disparu.

Irène Némirovsky laisse deux filles. Leur drame est l'image de milliers de drames. L'Europe est semée d'orphelins... Et pourtant il faut bien dire: heureuse Irène, puisque, partie en laissant ses enfants vivants, elle demeure une privilégiée devant ceux qui ont survécu en perdant les leurs.

Il faut un certain effort pour mettre aujourd'hui l'imagination au niveau de la réalité. L'horreur est devenue si courante que beaucoup de gens la trouvent banale; les uns parce qu'ils cherchent d'instinct à la fuir en ne la voyant pas; les autres parce que leur sensibilité a été si travaillée qu'elle s'est émoussée.

Qu'une intelligence aussi exquise, qu'un tempérament d'artiste aussi raffiné, qu'une femme d'une qualité si exceptionnelle ait péri en Pologne ou en Silésie, cela dépasse à peine l'importance d'un fait divers. Tant et tant d'autres ont été exterminés. Six millions de victimes ou six millions plus une, c'est exactement pareil si l'on jauge la profondeur du crime, gouffre sans fond. Il serait indécent de pleurer telle de ces victimes plus que telle autre : la plus modeste vaut la plus illustre.

Qu'il nous soit pourtant permis d'accorder à celle-ci un regard particulier, un regret supplémentaire.

Irène Némirovsky ne laisse pas ses admirateurs les mains vides. Elle a travaillé jusqu'au dernier jour. Son œuvre ne s'arrête pas avec elle. De précieux manuscrits, s'ajoutant à ses ouvrages publiés, affirmeront sa survie littéraire. Dans sa retraite nivernaise, elle préparait un grand roman cyclique sur la vie russe, dont nous n'avons malheureusement que des fragments ; mais on verra paraître un roman achevé, Les Biens de ce monde, *et deux ou trois volumes de nouvelles. Et, pour commencer, voici que, dans le monde imaginaire d'Irène Némirovsky, entre comme par surprise, alors qu'elle disparue on ne l'attendait plus, un être réel : Anton Tchekhov.*

Il n'y détonnera pas ; car si le monde d'Irène Némirovsky est bien imaginaire, il est en vérité singulièrement vivant. Elle s'est toujours défendue de présenter des personnages existants, d'écrire des romans à clefs. Mais, si nous devons admettre que ses personnages ne sont pas réels, comme ils sont vrais ! Et c'est cela qui importe. Que ce soient les hommes d'affaires à la forte carrure, les jeunes femmes désaxées ou les jeunes hommes aux prises avec le sort contraire, que ce soit le vertigineux David Golder ou l'inquiète Hélène du Vin de Solitude, *le jeune Christophe du* Pion sur l'échiquier *ou la faible Ada dans les* Chiens et les loups *ou encore les héroïnes de ces saisissantes nouvelles qui forment le recueil de* Films parlés, *tous ces personnages, créés par un cerveau ardent, plongent en plein terreau humain, se nourrissent de vie, de sève, de passion, sont nos frères et nos sœurs de joie ou de douleur... Telle est la véritable transposition artisti-*

que. Irène Némirovsky, en moins de quinze années de production effective, aura laissé une riche galerie de figures humaines, parce qu'humaines sont leurs racines.

On peut dégager dans son œuvre certains leitmotive : l'exil, la lutte avec la vie dans les pays d'Occident. Née à Kiev, Irène a quitté sa terre natale pour venir en France. Or beaucoup de ses héros suivent la même courbe. Comme elle, beaucoup sont venus vivre, lutter et souffrir dans notre pays. Ils sont donc nourris de sa propre expérience. Dans combien de ses romans retrouvons-nous l'atmosphère de son enfance dans les villes ou villages d'Ukraine, puis l'atmosphère de sa jeunesse dans notre capitale !...

Le drame qui fut à l'origine de sa vie a humanisé ses créatures. Mais voilà qu'une vie dramatiquement commencée s'achève en tragédie. Née à l'Est, Irène est allée périr à l'Est. Arrachée pour vivre à sa terre natale, elle a été arrachée pour mourir à sa terre d'élection. Entre ces deux pages s'inscrit une existence trop courte, mais brillante : une jeune Russe est venue déposer sur le livre d'or de notre langue des pages qui l'enrichissent. Pour les vingt années qu'elle aura passées chez nous, nous pleurons en elle un écrivain français.

L'œuvre dramatique de Tchekhov est aujourd'hui bien connue en France. Mais longtemps il ne fut pour nous qu'un nom lointain. Peu d'ouvrages offrent des difficultés de réalisation plus subtiles. Quand la troupe de Stanislawsky vint jouer à Paris la Cerisaie, ce fut une révélation. Depuis, Georges Pitoëff nous a montré quel rythme il fallait donner à des ouvrages comme l'oncle Vania, comme la Mouette, comme les Trois Sœurs. Leçon inimitable. Pitoëff avait le secret de ce pointillisme subtil

qui, s'accordant au pointillisme de Tchekhov, en déga-
geait l'humanité profonde, par un lent, méthodique et
inexprimable enveloppement. C'est que, pour nous rendre
vivante une dramaturgie si délicate et si personnelle, à la
fois si russe et si humaine, ce grand artiste avait le privilège, par ses origines, de pouvoir penser russe en français.
Ce que Pitoëff a réussi pour les pièces de Tchekhov, Irène
Némirovsky a su le faire pour sa vie.

Pour les mêmes raisons : née russe, mais élevée française, elle était si profondément intégrée à notre pays
devenu le sien, que rien dans l'écriture de ses ouvrages ne
décèle une origine étrangère. Et pourtant, sa profonde
sensibilité demeurait naturellement accordée au pays de
sa naissance, à ses hommes, à ses œuvres. Devant la sensibilité de Tchekhov, elle restait comme de plain-pied. Il
ne lui était pas nécessaire de transposer; il lui suffisait
d'ouvrir son cœur. Comme Anton Tchekhov nous contait
l'histoire des Trois Sœurs ou de l'Oncle Vania, comme
Georges et Ludmilla Pitoëff nous les rendaient vivants à
la scène, ainsi Irène Némirovsky nous conte Anton Tchekhov.

Ce sont les mêmes procédés, si l'on ose appeler procédé ce
qui est l'image de la vie. Mêmes touches successives, dont
chacune concourt à créer l'impression d'ensemble. Mêmes
détails apparemment négligeables, mais dont aucun n'est
inutile. C'est le rythme de la vie. C'est le lent et pénétrant
enveloppement de la vie. Le lecteur, comme le spectateur,
est doucement emprisonné, enlevé d'une main légère, mêlé
à la féerie quotidienne. Souvent il ne se rend pas compte.
Parfois il résiste un peu. Mais le philtre est pénétrant. La
séduction opère par touches insensibles. Le plus petit
détail a la douceur d'une caresse, mais l'effet d'un tenta-
cule. Ainsi sont les drames bourgeois de Tchekhov. Ainsi
sa vie, contée par une femme qui parlait son langage
aussi bien qu'elle parlait le nôtre, et qui nous le restitue

dans toute sa vérité, avec ses joies, ses souffrances, ses espoirs, ses regrets, toute son humaine et exceptionnelle sensibilité.

Pitoëff prétendait que dans une pièce de Tchekhov rien n'est superflu. Le moindre fait y concourt à la vie, et Tchekhov ne livrait rien au hasard. Déplacer un geste, c'est donc trahir le lent enveloppement par lequel il nous rend la vie vivante. On trouvera peut-être excessive une telle fidélité. Il est en effet surprenant qu'un metteur en scène n'ait pas tendance à servir un texte en le déformant. Mais Pitoëff était parfois surprenant.

Cette perfection du détail qui caractérise les pièces de Tchekhov, nous la retrouvons dans ses nouvelles. Elles sont beaucoup moins connues chez nous. Chacune est un petit drame; quelques-unes, en quelques pages, sont des drames en miniature. On aimerait qu'une traduction valable en ait été faite par un écrivain de la qualité d'Irène Némirovsky.

Du moins avons-nous désormais une image de sa vie qui nous manquait. Je ne puis conseiller au lecteur que d'entrer dans cette vie comme j'y suis entré moi-même: comme on pénètre chez un être rare, qu'on aimait sans le connaître dans son intimité. Rien d'indiscret dans les découvertes qu'il fera. L'homme qu'il trouvera ne sera pas rabaissé par la connaissance de sa vie quotidienne. Il y a dans bien des biographies, dans bien des mémoires, une part d'indiscrétion, et même d'indécence! Comme si le biographe éprouvait un secret plaisir à démonter l'idole, à découvrir le petit homme qui se cache souvent sous le manteau du génie. Jeu facile. Le génie cache mille faiblesses. Elles sont sa rançon, elles sont sa souffrance. Mais il se nourrit de ces faiblesses. C'est l'engrais dont il tire parfois ses meilleurs fruits. Le biographe, qui, fréquemment, n'est lui-même qu'un petit homme, a une tendance instinctive à montrer l'engrais plus que les fruits.

Ne songe-t-il pas, plus ou moins consciemment, que le lecteur aime la petite histoire et même le petit scandale ? Le grand homme en pantoufles a toutes nos misères, et il a les siennes par surcroît. Joie maligne de le rabaisser au niveau commun ; bon rendement publicitaire ; voilà les ressorts de la plupart des vies romancées.

Ici rien de pareil. L'homme qui nous est révélé n'est pas rabaissé par le récit de ses misères. Pauvre, d'une famille nombreuse, malade, Anton Tchekhov a connu toutes les difficultés de la vie. Elles nous sont contées simplement, sans phraséologie. Il sort grandi de l'épreuve. Nous ne l'aimions et ne l'admirions que par son œuvre. Nous pourrons maintenant l'aimer et l'admirer davantage. Grâce soit rendue à sa biographe. Elle inscrit un chapitre émouvant dans l'histoire de la littérature universelle. Par Irène Némirovsky, Tchekhov va être un peu plus de chez nous et nous nous sentirons mieux en contact avec lui.

S'il nous est un exemple, ce ne sera donc plus uniquement par son œuvre, mais aussi par sa vie : exemple de courage, d'obstination, de travail. Certes, il eut, malgré les difficultés matérielles, des débuts relativement faciles. À vingt-six ans il était déjà connu ; il fut vite célèbre. Il écrivait ses premières nouvelles comme en se jouant. Mais que de scrupules, que de doute de soi ! Jusqu'à cette hésitation à signer de son nom. Il lui fallut des encouragements pour l'amener à croire en lui-même. On méditera la belle lettre qu'il reçut de Grigorovitch en 1886 et sa réponse émue. Un tel geste eut certainement de l'influence sur le jeune écrivain ; il lui donna une plus grande conscience de sa valeur ; il l'aida peut-être à se discipliner. Grigorovitch avait soixante-cinq ans passés. Un conte de Tchekhov lu par hasard l'avait frappé ; il sentit la qualité rare de ce talent nouveau, ses promesses, mais aussi le danger pour un débutant de produire à tout prix et n'importe quoi. Il écrivit à son jeune confrère, avec le double souci de l'encourager et de le servir. À ses compliments, aux fleurs dont il le couvre, se mêlent deux petites phrases qu'on n'a pas toujours le courage de dire aux débutants trop pressés, mais qui me paraissent la plus grande marque de confiance, d'admiration et d'amitié qu'un vieil écrivain puisser donner à un jeune confrère : « Cessez tout travail hâtif... Souffrez plutôt la faim. »

L'écran qui s'interposait entre nous, Français, et Tchekhov, en tant qu'homme, Irène Némirovsky l'a retiré. Mais c'est d'au-delà de la vie qu'elle nous présente cette figure. Une telle circonstance ne peut qu'ajouter à l'émotion de notre découverte.

La vie de Tchekhov fut courte : la maladie l'a enlevé prématurément. Irène aussi est partie trop tôt, et la maladie qui l'a enlevée ne sévissait pas en elle, mais sur le monde. Et l'on peut se demander laquelle de ces destinées fut la plus tragique. Est-ce que la tuberculose, qui laisse des répits, des pauses et même des joies ou au moins des illusions, n'a pas encore quelque chose d'humain qui manquait précisément aux bourreaux d'Irène ?

Jean-Jacques BERNARD

I

Un petit garçon était assis sur une malle et pleurait parce que son frère aîné refusait d'être son ami. Pourquoi? Ils ne s'étaient pas battus.

Il répétait d'une voix tremblante :

— Sois mon ami, Sacha.

Mais Sacha le regardait avec dédain et froideur. Il était de cinq ans plus âgé que son frère, Anton. Il allait à l'école et il était amoureux.

Anton pensait tristement :

« C'est lui-même qui m'a proposé son amitié. »

C'était, il est vrai, très longtemps auparavant. Des années... une semaine... Il avait cru remarquer d'ailleurs que Sacha profitait de cette amitié pour prendre tous ses jouets. Mais cela n'avait pas beaucoup d'importance. Ils s'étaient bien amusés. À d'autres enfants, plus gâtés, ces amusements auraient paru pauvres. Mais les autres enfants étaient si drôlement élevés! Dernièrement, Anton avait demandé à l'un d'eux :

— Est-ce qu'on te fouette souvent, à la maison?

Et le garçon avait répondu :

— Jamais.

C'était un menteur ou... la vie était vraiment bizarre. Oui, ils s'étaient bien amusés. Ils avaient volé des boîtes vides à la boutique paternelle et ils les avaient disposées de telle façon qu'en les regardant, lorsqu'on était couché sur le sol, la tête sur le plancher, on voyait une enfilade de pièces éclairées par des lumignons et on se croyait transporté au seuil d'un palais ; là vivait un soldat de bois. Ils avaient cueilli des fruits dans les vergers des voisins et ils les avaient mangés en cachette. Ils s'étaient déguisés. Ils s'étaient baignés dans la mer. Maintenant, tout était fini, comme coupé au couteau.

Sacha jeta à son frère un dernier coup d'œil et partit : cet Anton, ce gamin était au-dessous de lui. Ils ne pouvaient pas se comprendre. Il s'en alla parader au Jardin municipal, tandis qu'Anton restait seul sur sa malle. La chambre d'enfants était petite et pauvre. Les vitres étaient troubles, le plancher sale. Dehors, la boue stagnait comme dans toutes les rues de cette petite ville de la Russie méridionale où vivaient Sacha et Anton Tchekhov.

Si l'on sortait de la maison et si l'on marchait quelques instants, on arrivait au bord de la mer et, en marchant dans une autre direction, c'était la steppe sauvage. Dans la maison, on entendait les pas affairés de la mère qui allait de la « grande chambre » à la cuisine minuscule, au sol de terre, bâtie près de la maison. Six enfants et pas de servante, cela donnait du travail à la mère de famille. On entendait le père prier Dieu à haute voix et chanter. Tout à coup les prières cessèrent et des cris, des pleurs parvinrent aux oreilles d'Anton. Le père battait un des petits commis de la boutique. Cela dura longtemps, puis les hymnes reprirent, interrompus par une brusque clameur furieuse :

— Imbécile ! criait le père, s'adressant à la mère d'Anton, espèce de buse !

Le petit ne se sentait ni étonné ni révolté ; il n'avait même pas conscience d'être malheureux : tout cela était trop quotidien... Seulement, sa poitrine était serrée et il était à la fois triste et content d'être seul. Seul, on avait toujours un peu peur, mais, du moins, personne ne vous ennuyait, personne ne vous frappait. Cependant, au bout de quelque temps, l'impression de peur augmenta. Il sortit de la chambre et alla trouver sa mère. Celle-ci était fragile et effarée ; elle pleurait et, tout haut, se plaignait de son mari et de sa vie. Il n'y avait personne pour l'écouter : elle clamait dans le désert. Tout le monde était habitué à ses larmes.

Peut-être, demain permettrait-on à Anton d'aller se promener en barque et mangerait-on le poisson qu'il rapporterait ? À cette pensée, il se sentit très joyeux, d'une gaîté malicieuse et tendre.

Tout à l'heure la famille souperait, puis ce serait la dernière prière et la journée finirait ainsi.

II

Le pavillon loué par les Tchekhov se trouvait au fond d'une cour ; ses murs étaient recouverts d'un badigeon de terre glaise. Dans la boue, la mauvaise herbe, les morceaux de brique et les ordures qui recouvraient la cour, les pas des hommes avaient grossièrement tracé un sentier vers le portail, un autre vers l'écurie. La bicoque semblait inclinée vers le côté, tassée et lasse comme une vieille femme. Un tonneau placé sous la gouttière recueillait l'eau les jours de pluie : l'eau était une denrée rare et précieuse. Des fenêtres à petits carreaux, un auvent de bois, trois chambrettes et une cuisine, voilà la maison où Anton était né [1]. Il y avait la « grande chambre », domaine du père ; celle, plus petite, où dormaient les parents, et celle, plus petite encore, des enfants, avec le berceau de bois d'Anton. Dans la « grande chambre », des icônes tapissaient tout un coin, selon la coutume des orthodoxes pieux. Jour et nuit une veilleuse brillait devant elles. Sur un triangle étaient posés le missel et les saintes écritures ; un grand cierge dans son chandelier de cuivre les éclairait et, à certaines dates prescrites par l'Église, le père Tchekhov faisait brûler de l'encens devant les Images. Quoique pauvre et près de ses sous,

---

1. Le 17 janvier a.s. 1860.

il n'était jamais avare d'encens : de véritables nuages s'élevaient et emplissaient les pièces, étouffant jusqu'à l'odeur de chou aigre qui venait de la cuisine.

Des acacias poussaient derrière le logis ; au printemps, ces cours boueuses se couvraient de fleurs. La ville, bâtie sur la mer d'Azov, s'appelait Taganrog ; elle possédait « une rue presque européenne », disaient les gens avec fierté. N'y voyait-on pas des maisons qui avaient jusqu'à trois ou quatre étages, un théâtre, des magasins ? On eût difficilement trouvé une enseigne écrite sans faute d'orthographe, mais qui s'en souciait ? En revanche, ses trottoirs et ses chaussées étaient pavés pendant une centaine de mètres ; toutes les villes de la Russie ne pouvaient pas se vanter d'une telle prospérité. Mais, un peu plus loin, ses trottoirs seuls demeuraient. Plus loin encore, ils devenaient une piste fangeuse : là vivaient les Tchekhov. Aux faubourgs commençait la steppe. Ces vastes étendues de terre, sans une montagne, sans une forêt, étaient traversées par les vents violents venus de l'Est, de l'Asie. L'hiver, ils étaient chargés de neige ; l'été, ils soufflaient en tempêtes brûlantes. Le port, à chaque saison, s'ensablait davantage. Or, le cœur de Taganrog était son port. C'était une cité marchande ; autrefois, Pierre le Grand avait fait surgir un bastion sur ce sol sauvage, pour défendre ses possessions contre les Turcs ; puis il avait créé un port et Taganrog, au commencement du XIXe siècle, était devenu heureux et prospère ; il exportait le blé, et Rostov-sur-le-Don, ainsi qu'Odessa, lui laissaient la première place.

Il y avait alors de la vie et du mouvement à Taganrog, soupiraient les vieillards : « Les meilleurs acteurs de Russie venaient jouer chez nous et nous avions un opéra italien, comme toute ville du Sud qui se respecte, comme Odessa... » Puis, les temps difficiles étaient venus : le sable, charrié pendant des siècles par les rivières, avait fini par soulever le fond de la mer qui devenait dangereux pour les vaisseaux... et ces bateaux modernes étaient trop grands... Enfin, comble de disgrâce ! un chemin de fer relierait désormais directement Rostov-sur-le-Don, la rivale, à Vladicaucase. Taganrog était inutile ; Taganrog était ruiné.

En quelques années, la petite ville prit un air morne, endormi. Le ciel bleu foncé, le soleil, la mer la faisaient paraître plaisante de loin, mais quand on y pénétrait : « Quelle crasse, quelle ignorance, quel vide ! » Sa boue et son silence, voilà ce qui frappait les voyageurs. En automne, et à la fonte des neiges, il fallait traverser Taganrog comme on passe un ruisseau, en sautillant d'une pierre à une autre, « et celui qui perdait pied s'enfonçait jusqu'aux genoux dans une mer de boue ». En été, dans ces rues chaudes, la poussière roulait lentement en nuages épais qu'aucun balayeur ne dérangeait jamais. Un chien flairait les épluchures ; un harmonica jouait dans une cour ; deux ivrognes se battaient... Rarement on entendait un passant traîner ses bottes ; personne ne songeait à faire réparer son toit, sa porte, repeindre sa maison. On s'accommodait de tout.

Ces provinces, en Russie, on les appelait « les villes sourdes » et, certes, aucun nom ne leur convenait davantage : leur paix était profonde. Elles fermaient leurs oreilles au bruit du monde. Elles dormaient, comme leurs habitants après un lourd repas, persiennes closes, fenêtres fermées au moindre souffle d'air, en règle avec le Tsar et Dieu, l'esprit vide.

Mais le coin le plus perdu de la terre, le plus déshérité est, pour un enfant, plein de variété et de vie. Le petit Anton ne s'ennuyait pas alors dans sa ville natale. Il regardait avec un intérêt sans cesse renouvelé les bateaux, les ponts, la mer. Il se réjouissait d'aller dîner chez son oncle Mitrofane, qui lui donnait parfois un gros sou. Ces maisonnettes toutes pareilles, avec leurs cours étouffées par les mauvaises herbes, il savait les noms de ceux qui y vivaient et, comme ses frères et sa mère, il connaisait tous les détails de leur existence : ce qu'on avait mangé la veille, qui était mort, qui était né, qui avait demandé la fille en mariage. Il aimait les promenades au Jardin public, dont les terrasses descendaient jusqu'à la mer.

Malheureusement, on ne lui permettait pas souvent cette liberté, cette grande joie. Les soirs de printemps, il s'asseyait sous l'auvent de bois, sur les petites marches tordues, fichées dans le sol. Toutes les demeures étaient précédées de ces petits auvents, et les familles s'y installaient quand la chaleur du jour tombait ; la mère abandonnait un instant sa machine à coudre ; les enfants se querellaient. Voici que s'élevaient au loin les premiers accords de la musique militaire qui jouait au Jardin. Les roulements des tambours, les fracas des cuivres, en traversant l'air poussiéreux, s'allégeaient, s'adoucissaient, perdaient leur vivacité martiale et se chargeaient d'une confuse mélancolie.

Alors, apparaissait le père. Il avait de larges épaules, une grande barbe, la main lourde.

— Va travailler, Antocha, disait-il, assez flâné, assez bayé aux corneilles. Va à la boutique. Va travailler.

III

Il y avait six enfants Tchekhov — cinq garçons et une fille. Les deux aînés, Alexandre (Sacha) et Nicolas, avaient déjà un aspect dégingandé d'adolescent, des poitrines maigres, des bras trop longs et un air timide et poseur. Ils commençaient à regarder de haut Taganrog et ses habitants, à rêver à Moscou et à recevoir les ordres du père avec maussaderie ; ils n'osaient pas encore aller jusqu'à l'insolence, mais leurs yeux répondaient pour eux. Lorsqu'ils venaient d'être battus, ils parlaient d'une voix menaçante de « blessure infligée à la dignité humaine » et de suicide. La mère priait Dieu et fermait les portes pour que le Père n'entendît pas.

Anton était encore un enfant, un beau petit garçon, blond, à la peau claire, aux traits larges, à l'expression douce et gaie. Le quatrième, Ivan, avait une mauvaise réputation parmi ses frères : prudent et dédaigneux, toujours à l'affût du meilleur morceau à table et de la première place près du poêle, disait-on. Les deux plus jeunes Marie et Michel, ne comptaient pas : ils avaient quatre et trois ans ; ils n'intéressaient que leur mère.

Tous étaient d'apparence robuste ; ils pouvaient toiser avec pitié ces petits Grecs à la peau jaune, ces petits Juifs aux épaules voûtées qui couraient dans le port. Les Tchekhov étaient, eux, d'une race solide, paysanne, qui avait supporté pendant des générations et sans dommage les hivers rigoureux, la faim, l'excès de travail, les coups. Aussi, la santé des enfants paraissait-elle au père et à la mère toute naturelle, un don de Dieu dont on pouvait user et abuser sans crainte. Dormir peu et mal, courir dans la neige en bottes percées, cela ne pouvait être nuisible. La propreté était inutile et immorale. Les prières fortifiaient l'âme. Quant au corps, le Seigneur s'en chargeait.

Ainsi pensaient tous ceux de Taganrog, et ils n'avaient pas tort, puisque le climat et les fièvres faisaient si peu de victimes parmi eux. L'empereur Alexandre Ier, en villégiature à Taganrog, n'avait pu y demeurer plus de deux mois : il avait attrapé une de ces fièvres, et il en était mort ; mais les gens de condition plus modeste guérissaient parfaitement. On buvait de l'eau malsaine ; on donnait aux malades des tisanes faites d'herbes suspectes ; on couvrait les plaies de toiles d'araignées, et on ne mourait pas plus souvent qu'ailleurs.

Le corps du paysan et sa vie n'étaient pas des biens si précieux. Depuis très peu de temps d'ailleurs, les corps des Tchekhov étaient à eux et non à leurs seigneurs : peut-être était-ce la raison pour laquelle ils traitaient cette chair et ces os avec tant de rudesse et de mépris, comme des sauvages détraqueraient à plaisir un mécanisme délicat qui leur serait confié. Le grand-père d'Anton était né serf, mais, peu à peu, il s'était élevé jusqu'au grade d'intendant et il avait mis de côté une somme assez forte ; bien avant la libération des paysans il put se racheter, ainsi que les siens : 700 roubles par tête, tel avait été le prix payé par le moujik Egor Tchek à son maître, pour lui-même et ses quatre fils. Il restait une fille ; il n'y avait plus d'argent pour elle, mais le seigneur, généreux, l'abandonna pardessus le marché, comme on vend treize pommes à la douzaine.

Egor Tchek était un homme intelligent et dur, un de ces chiens de garde des nobles qui pressuraient les paysans pour le compte de leurs maîtres mieux que ces derniers n'auraient pu le faire, car ils connaissaient, eux, la faiblesse et la ruse des pauvres. Il était régisseur d'un vaste domaine en Ukraine, celui de la comtesse Platov, où les petits Tchekhov passaient parfois leurs vacances.

Les fils d'Egor, Mitrofane et Paul, allèrent s'installer à la ville. Mais ils ne purent jamais arriver à la richesse. Paul Egorovitch, surtout, était poursuivi par le mauvais sort. Il avait commencé sa carrière comme petit domestique chez un marchand. Affamé, et maltraité, il avait dormi par terre, balayé la boutique, courbé la tête sous les gifles. Maintenant, c'était un homme solide, épais, barbu ; d'autres lui obéissaient et recevaient ses coups. Il était « marchand de la troisième guilde », c'est-à-dire d'une caste basse, immédiatement au-dessus des artisans, mais très loin encore des négociants en blé ou en vin, gloire et orgueil de Taganrog.

Il était boutiquier ; il vendait « du thé, du sucre, du café, du savon, du saucisson et autres produits coloniaux », ainsi qu'on le lisait sur une enseigne en lettres d'or sur fond noir à la porte de son magasin.

Anton considérait son père avec respect. Dans sa maison et derrière son comptoir, Paul Egorovitch était le maître incontesté ; il possédait cette souveraineté absolue du père de famille russe dans les classes populaires qui, traité en esclave par de plus puissants que lui, agit en despote, en roitelet d'Orient parmi les siens. Sa femme n'avait qu'à se taire ; les enfants qu'à marcher droit ; il tenait sa place de Dieu et il répondait devant Lui seul de toutes ces âmes qu'il fallait guider dans le bon chemin. Et comment les guider ? Dieu avait donné des poings solides à l'homme : c'était pour s'en servir.

Alexandre le disait brutal, avide et dur. Mais Alexandre exagérait toujours. Alexandre aimait mentir aux autres et à lui-même, tantôt pour se faire plaindre, tantôt pour amuser les gens, fût-ce aux dépens de sa propre famille. Anton, par moment, aimait son père. Par exemple, il lui savait gré de sa manière de boire sans s'enivrer. Les autres roulaient par terre. Le père Tchekhov seul devenait tendre, gai et se souvenait alors des talents acquis, Dieu seul savait comment, pendant son enfance misérable. Il jouait du violon ; il chantait. Oui, il avait de bons côtés. Mais gare à celui qui n'obéissait pas immédiatement aux ordres reçus ! Aussitôt le despote capricieux s'éveillait. La moindre contradiction le mettait hors de lui. À table, pour un potage trop salé, commençait la scène la plus hideuse, qui faisait pleurer la mère et trembler les enfants de terreur.

Le père était extrêmement pieux ; il jugeait que Dieu lui-même commandait d'être fort, de se faire craindre. Sa religion était à la fois sincère et humble, grossière et sauvage. Ses péchés, ce n'était pas seulement en lui-même qu'il les châtiait, il les poursuivait et les punissait avec rigueur surtout dans les âmes de ses enfants. Il aimait ses enfants, mais il y avait dans leur faiblesse, dans leur absolue dépendance de lui-même quelque chose qui l'irritait, l'enivrait, faisait naître les cris et les injures sur sa lèvre, les gifles sous sa main. Il n'était pas cruel : simplement, les souffrances d'autrui ne le touchaient pas. On l'avait nourri de rebuffades et de coups ; il ne s'en portait pas plus mal. Il était commode de passer sa colère sur la femme, les enfants et les petits commis de la boutique : voilà tout !

et il avait souvent des motifs de colère : les affaires allaient mal dans cette ville appauvrie. D'ailleurs, il détestait la boutique. Un homme ne peut vivre sans passion, et lui, qui n'était ni ivrogne ni coureur, il avait une passion merveilleuse, qui colorait son existence, le consolait de tout. C'était là sa vraie vie, dont la boutique et la maison ne formaient que la façade, l'apparence. Il aimait l'église, ses offices, ses chants, ses prières, le parfum de l'encens, le son des cloches. Peut-être, comme tous les despotes, se sentait-il seul, entouré d'esclaves et non d'amis ; peut-être l'église l'apaisait-elle, lui donnait-elle l'illusion d'une aide, d'un amour ? Il ne trouvait aucun plaisir à marchander, à compter ses maigres gains. Tous les prétextes lui étaient bons pour crier :

— Sacha ! Kolia ! Antocha ! Je pars. Que l'un de vous prenne ma place à la boutique !

L'église était toute proche. Là, dans son ombre, sur ce sol glacé, il faisait bon demeurer des heures à genoux et meilleur encore de chanter, de sa rude voix paysanne, les chants admirables de l'Église orthodoxe ! Pendant ce temps, les gamins grelottaient à la boutique. Tout était bien.

Cela, Anton l'eût pardonné ; mais le fouet que son père lui infligeait si souvent, il ne l'oublierait jamais, songeait-il. Ce n'était pas le mal physique : c'était le sentiment d'une humiliation affreuse. Il avait honte pour son père et pour lui-même. Mais, naturellement, il n'y avait rien à dire ; il ne faisait pas exception : ses frères étaient traités comme lui. Il pensait que tous les pères ressemblaient au sien.

C'était la vérité. Les gens n'étaient pas plus méchants à Taganrog, vers 1870, que dans d'autres temps ou dans d'autres pays, mais la brutalité était une habitude qui finissait par endurcir le corps et l'âme. La

vie était sauvage et triste ; on ne le sentait pas constam-
ment : un petit garçon, comme Anton, l'oubliait.
Cependant, cette sauvagerie et cette tristesse étaient
sans cesse là, à l'arrière-plan ; elles finissaient par se
mêler à la gaîté la plus innocente. Anton était né gai,
vif et moqueur ; il ne pouvait être complètement heureux ; d'instinct, il aimait la grâce, la bonne humeur, la
politesse, et autour de lui tout était grossier et dur. On
tourmentait les animaux ; on mentait ; on se parjurait ;
puis ces mêmes bouches psalmodiaient des prières, et
cette grosse main qui venait de te battre, il fallait la
baiser, parce que c'était la main paternelle et que « la
puissance du père vient de Dieu ».

IV

La mère n'aimait pas à parler d'elle-même. C'était une femme mince, aux traits fins, « tendre et tranquille ».

Lorsqu'elle ne s'affairait pas à la cuisine, elle était assise devant sa machine à coudre ; elle habillait ses six enfants elle-même, et son esprit était obsédé par des problèmes qui paraissaient simples, mais dont elle n'arrivait pas à trouver la solution : comment faire durer une année encore le pardessus d'Anton ? où prendre de l'étoffe pour allonger la robe de Marie ?

Elle chérissait ses enfants, surtout Anton. Celui-là, semblait-il, avait pitié d'elle. Elle aurait aimé le prendre dans ses bras, le caresser, lui raconter des histoires. Mais le temps manquait. Il y avait sans cesse du travail en retard. Cet amour qu'elle ne pouvait (ou ne savait) dépenser en baisers, en belles paroles, il lui restait dans le cœur, la tourmentait, et elle ne l'apaisait qu'en donnant à manger à ses enfants ou en imaginant ce qu'elle leur donnerait à manger. La nourriture était abondante, lourde, si bon marché que personne, sauf les plus misérables, ne s'en privait. C'était une grande consolation pour la mère de pouvoir gaver ses petits. Pour le reste, c'était au père de s'en charger. De lui devaient venir les bons exemples, les bons conseils et les récits qui instruisent l'âme.

Parfois, pourtant, le soir, aux enfants qui s'endormaient, la mère racontait le long voyage qu'elle avait fait, toute petite : elle avait alors traversé la Russie entière en voiture.

Elle était la fille d'un marchand. Elle le disait avec une certaine fierté : les Tchekhov étaient des paysans, mais elle appartenait, elle, à une classe plus élevée dans la hiérarchie russe. Toutefois, l'ayant dit, elle se sentait confuse, car une femme ne devait pas être supérieure à l'époux donné par Dieu.

Son père, le marchand Morosov, vendait du drap. Il allait d'une ville à une autre, et elle demeurait avec sa mère et ses sœurs à Morchansk, chez une tante. Là, un hiver, un incendie avait éclaté dans la maison où ces femmes habitaient ; elles se trouvèrent jetées à la rue.

— Une bien triste année, enfants, disait-elle, hochant la tête en soupirant : on apprit bientôt que le choléra avait emporté mon père. Mais dans quel coin de Russie avait-il rendu son âme à Dieu, où était-il enterré ? L'avait-on seulement mis en terre comme un chrétien, selon tous les rites de l'Église orthodoxe ? Ma mère loua une voiture, nous prit avec elle et le voyage commença à la recherche de cette tombe.

Les petits écoutaient avec attention. Ils imaginaient cette voiture balancée dans les ornières, sur les mauvais chemins, dans la boue, dans la première neige..., les orages pendant la route, les relais de poste, si sales parfois, et où l'on voyait des figures si effrayantes et si étranges que la mère et les enfants préféraient coucher par terre dans la steppe.

La niania qui se trouvait là également interrompait sa lessive et racontait des légendes obscures et sinistres où l'on retrouvait, pêle-mêle, des souvenirs de la guerre de Crimée, du servage, des histoires de brigands et de sorcières.

Cette steppe nue, autour de Taganrog, selon la nia-nia, que de richesses elle contenait ! Des trésors étaient cachés dans le lit des ruisseaux, au pied des collines. Les cosaques, disait-on, avaient pris de l'or aux armées de Napoléon et, de crainte que l'État ne s'en emparât, ils l'avaient enterré dans la steppe. Des brigands, au temps du tsar Pierre, avaient volé de l'or qu'une caravane portait de Pétersbourg à Taganrog. Cet or, on le retrouverait un jour.

Les petits garçons, bouche bée, se taisaient.

Dehors, c'était la nuit et le profond silence de la petite ville. Puis, une voiture passait et, avec ses ressorts cassés, ses essieux grinçants, elle emplissait l'air de cris et de gémissements, comme une âme en peine. Une chandelle éclairait la figure de la mère, penchée sur sa machine à coudre, et ses mains qui faisaient glisser l'étoffe d'un mouvement adroit et rapide. Elle était animée maintenant par les souvenirs de l'ancien temps, et il ne fallait pas trop la presser pour qu'elle racontât encore sa fuite hors de Taganrog, lorsqu'elle était enceinte d'Alexandre. Cela se passait au moment de la guerre de Crimée : les bords de la mer Noire et de la mer d'Azov étaient sous le feu de l'ennemi. Cette guerre si récente et toutes ces histoires anciennes, le voyage de la mère vingt ans auparavant, cela finissait par former une sorte de légende confuse qui fascinait les enfants. Ils se taisaient.

Puis, l'un d'eux demandait :

— Et la tombe de grand-père ? L'a-t-on retrouvée ?

— Non. Jamais.

À bien y réfléchir, comment, dans cette profonde Russie, avec ces millions de morts et de vivants, aurait-on pu découvrir cette tombe solitaire ? L'inutilité de cette randonnée, toutes ces fatigues vaines, cela touchait et étonnait les enfants. La mère achevait :

— Jamais nous ne l'avons retrouvée. Nous avions parcouru la Russie entière, de Morchansk à Taganrog. Là commençait la mer. Nous ne pouvions aller plus loin, et ma mère avait des amis dans la ville. Des gens charitables nous ont logées et nous avons vécu peu à peu. Puis, un jour, j'ai rencontré votre père...

V

La boutique du père Tchekhov était à la fois une épicerie, une herboristerie, une mercerie. On y trouvait du thé, de l'huile d'olive, de la pommade pour les cheveux, du pétrole, des macaronis et du poisson séché, tout cela fourré pêle-mêle sur des rayons poussiéreux, dans un antique réduit. Au-dessus du comptoir pendaient des guirlandes faites de bonbons passés dans une ficelle, comme les sequins d'un collier. Dans des tonnelets de saumure nageaient des harengs. Les « produits coloniaux », halva, rahat-loukoum, raisins de Corinthe tentaient la marmaille du port. La clientèle était pauvre : paysans, matelots, petits revendeurs grecs.

L'hiver, la boutique était glacée, à cause de cette porte sans cesse ouverte et refermée qui laissait entrer le vent de la steppe. L'été, l'odeur des marchandises attirait toutes les mouches de Taganrog, semblait-il. Mais c'était une distraction, ces mouches ; on s'amusait à les faire mourir ; on plaçait sur les tables des bocaux pleins d'eau, dont l'orifice était masqué par un morceau de pain trempé dans du miel et percé de trous : les mouches tombaient et se noyaient.

Lorsque les petits Tchekhov devaient remplacer leur père à la boutique, c'était moins pour servir les rares clients que pour surveiller les deux commis, Andrioucha et Gavrioucha, car le père craignait toujours d'être volé. Andrioucha et Gavrioucha étaient les enfants d'une pauvre paysanne ukrainienne, qui avait cru leur assurer un avenir heureux en les abandonnant à Paul Egorovitch. C'étaient de misérables gamins, battus, mal nourris et qu'on ne payait pas, car ils étaient en apprentissage pour cinq ans.

Tandis que les fils du patron recevaient l'argent et rendaient la monnaie, attentifs à ne pas accepter de pièces fausses et à bien inscrire « deux kopecks de thé ; bonbons : un kopeck la paire », les petits serveurs couraient chercher une bouteille de vodka à la cave, car la boutique de Paul Egorovitch était également un cabaret. Sa cave contenait du vin, de la bière et, pendant les longues soirées d'hiver, des habitués se réunissaient chez Tchekhov pour bavarder et boire.

Hiver comme été, on ouvrait à cinq heures du matin ; on ne fermait jamais avant onze heures du soir. Andrioucha et Gavrioucha, sans cesse privés de sommeil, s'endormaient assis ou debout dès que l'œil du maître, pour un instant, se détournait d'eux. Anton apprenait, tant bien que mal, ses leçons dans le bruit des verres heurtés, des cris et des rires. Il eût désiré ne voir que ses livres : les leçons étaient difficiles et chaque mauvaise note sévèrement punie, d'abord à l'école, ensuite à la maison. Mais, malgré lui, il était distrait par les voix, les pas.

Voici un matelot qui vient chercher des cigares, un paysan qui demande une herbe pour guérir sa femme — « elle ne peut se remettre après l'enfantement » — (le père vendait des tisanes dépuratives en même temps que des reliques des monastères). Parfois un gamin venait marchander des bougies de couleur disposées dans des boîtes rouges, en bois, en forme d'étoile.

Les petites fenêtres étaient grillagées comme dans une prison, le plancher sale ; une toile cirée déchirée et déteinte recouvrait le comptoir.

Anton levait la tête et voyait tomber la neige. La lumière d'une bougie tremblait sur son livre. Il regrettait d'être enfermé là et il pensait que, le lendemain encore, tandis que ses camarades joueraient dehors, il serait cloué à ce comptoir ; mais un enfant malheureux cherche et trouve partout des parcelles de bonheur, comme une plante attire à elle du sol le plus ingrat des éléments nourriciers qui la font vivre. Anton s'amusait à regarder les gens, à les écouter. Des moines qui quêtaient pour un couvent voisin buvaient un verre en cachette ; parfois des matelots parlaient de leurs voyages. Parfois encore les conducteurs de troupeaux se querellaient avec les revendeurs de blé ; ces derniers, surtout, formaient le fonds de la clientèle ; leur besogne consistait à acheter les chars de grains que les paysans conduisaient à la ville et à les revendre à des négociants plus riches, qui les revendaient à leur tour aux millionnaires du pays : les Vagliano et les Scaramangni. Mais ce trafic se faisait surtout en été et au printemps. À la mauvaise saison, les revendeurs s'ennuyaient ; ils se rendaient à la boutique de Paul Egorovitch comme on va au club.

Anton les écoutait tous, tour à tour. Chacun d'eux avait son langage, ses gestes, ses tics, ses récits qui n'appartenaient qu'à lui, à sa race et à sa caste. Les Grecs, les Juifs, les Russes, les popes et les marchands jouaient une sorte de comédie éternelle dont l'unique spectateur était lui, Anton Tchekhov. Il n'avait encore jamais été au théâtre. Il avait dix ou onze ans, mais ses frères aînés lui avaient expliqué ces scènes, ces dialogues, ces décors, cette vie étrange. Ici aussi, des inconnus, des passants venaient, racontaient leurs histoires, s'en allaient. C'était amusant de les observer, et plus amusant encore de les imiter, de parler comme les moinillons, d'une petite voix fêlée et plaintive, ou de prendre le ton solennel d'un gros prêtre, ou de singer le garçon du Juif qui venait offrir ses ballots de thé. Anton, la tête appuyée sur sa main (cette tête un peu grosse qui lui faisait donner le surnom de têtard par ses amis), délaissait le livre latin afin de mieux voir. Ses yeux brillaient. À la maison, il mimerait pour ses frères, pour sa mère, pour son père quand il serait de bonne humeur, le manège des acheteurs, leurs soupirs, leurs grimaces. Le dimanche précédent il avait vu à l'église le gouverneur de la ville, un grand personnage ! Mais si important qu'il fût, il avait, lui aussi, sa manière curieuse et ridicule de s'agenouiller, de se moucher, de toiser l'assistance. Anton représenterait l'entrée du gouverneur dans l'église. Il s'en réjouissait à l'avance.

Mais la soirée était longue. Anton, comme les petits serviteurs, avait sommeil : il ne dormait jamais suffisamment. L'école, la boutique, l'église dévoraient les heures de repos ; le père pensait que les garçons auraient le temps de dormir quand ils seraient grands et que la jeunesse était donnée à l'homme pour travailler et aider ses parents. Peu à peu, Anton courbait la tête sur son livre, s'endormait. Enfin, les habitués partaient ; on fermait la boutique, et il pouvait regagner son lit.

Quand le père était sorti, Sacha ne détestait pas prendre sa place et régenter ses jeunes frères. Mais il n'était pas facile de faire obéir Anton. Ce n'était plus le gamin qui pleurait sur sa malle :

— Sois mon ami...

Il devenait de jour en jour plus indépendant, ce morveux, jugeait Sacha. Et il témoignait son indépendance d'une manière qui n'appartenait qu'à lui : il n'était ni froid et sérieux comme Ivan, ni capricieux et fou comme Nicolas, mais il se dérobait à l'influence d'autrui avec patience et une grande fermeté. Personne ne savait jamais exactement ce qu'il pensait et ce qu'il sentait. Une étrange pudeur, comme celle qu'une fille peut avoir de son corps, préservait des autres l'âme et l'esprit du petit Anton. Or, Sacha tenait au privilège des aînés : il aimait être admiré et imité. Un jour, irrité de ne pouvoir faire plier Anton à sa volonté, il le battit. Cela se passa dans la boutique, en l'absence du père. Anton s'enfuit.

— Il est allé se plaindre, pensa Alexandre avec irritation.

Le petit ne revenait pas.

— Certainement, il est allé cafarder à mon père, songeait Alexandre, de plus en plus inquiet.

Il sortit hors de la boutique, s'attendant au pire. Il demeura longtemps seul. Enfin, il vit Anton avec un de ses cousins. Tous deux marchaient lentement, gravement, et, en passant près de son frère, Anton ne lui dit pas une parole, ne le regarda même pas, comme si à la place d'Alexandre se fût trouvé un des tonneaux du père Tchekhov, comme si Alexandre n'eût pas existé !

Un sentiment bizarre, fait de colère, d'humiliation, de mélancolie et de respect emplit le cœur de Sacha. Il suivit des yeux les deux garçons qui s'éloignaient et, sans savoir pourquoi, il se mit à pleurer.

VI

Paul Egorovitch n'était ni méchant ni sot. Bien au contraire, il avait l'imagination vive, du goût, de l'esprit à sa manière et un amour profond et sincère de la musique. Mais certains hommes sont ainsi faits : pour leur entourage, leurs vertus sont aussi redoutables que leurs vices.

La passion, la poésie de cette existence de boutiquier, c'était l'église, ses offices et ses chants. Mais il ne lui suffisait pas de prier et de chanter seul. Enfant, lorsqu'il était encore la propriété de son seigneur, le prêtre du village lui avait appris à jouer du violon et à chanter dans les chœurs. C'était son ambition maintenant d'avoir un chœur à lui et de pouvoir le diriger. Ce chœur, Dieu le lui avait donné : ses cinq garçons le formeraient. Ces voix pures s'élèveraient jour et nuit, loueraient Dieu et, au ciel, Dieu saurait que son serviteur, Paul Egorovitch Tchekhov, n'avait pas négligé ses devoirs, qu'il instruisait ses enfants pour le bien de l'Église et leur inculquait la piété.

« Paul Egorovitch, pour tout ce qui touchait l'office divin, était exact, sévère et exigeant. S'il fallait dans les grandes fêtes chanter matines, il réveillait ses enfants à deux ou trois heures du matin, et, par n'importe quel temps, il les conduisait à l'église. Il se trouvait des gens au cœur tendre pour l'assurer que priver les enfants du sommeil nécessaire était nuisible, et que les contraindre à forcer leurs poitrines et leurs voix adolescentes était un véritable péché. Mais Paul Egorovitch était d'une tout autre opinion...

« — Pourquoi donc courir dans la cour et crier de toutes les forces de son gosier n'est-il pas nuisible, et chanter à l'église pendant les offices est-il nuisible ? Au couvent, les novices récitent les prières et chantent les hymnes pendant des nuits entières, et ils ne s'en portent pas plus mal. Les chants d'église fortifient seulement les poitrines enfantines. Moi-même, depuis ma jeunesse, je chante, et, grâce en soit rendue à Dieu, je me porte bien. Se donner de la peine pour Dieu, n'est jamais un mal. »

Le samedi, toute la famille se rendait à l'église (ces églises orthodoxes n'avaient pas de chaises ; on ne pouvait y demeurer que debout ou agenouillé). De retour à la maison, on chantait encore des hymnes au Sauveur ou à la Vierge, devant les saintes Icônes, tous prosternés, mère et enfants frappant le sol du front, et le père menant le chœur. Mais cela ne le satisfaisait pas entièrement. À sa religion sincère se mêlait un peu de vanité profane ; il aimait faire admirer les voix de ses enfants, et tout Taganrog pouvait les entendre, tantôt au monastère grec, tantôt à la chapelle du Palais ; on appelait ainsi la maison où avait vécu jadis et où était mort l'empereur Alexandre Ier, d'où il s'était enfui, disait la légende, laissant à sa place le cadavre d'un soldat.

Dans cette chapelle se réunissait l'aristocratie du lieu. Les voix d'Alexandre, de Nicolas et d'Anton tremblaient de zèle et de peur. La lumière des cierges éclairait les lourdes icônes dorées ; sur les dalles coulaient lentement les larmes de cire. Le père était heureux. C'étaient de bons moments qui lui faisaient oublier les heures pénibles au magasin et les soucis d'argent. Il espérait que tout irait mieux maintenant ; il possédait un bout de terrain, un présent du vieil Egor Mikaïlovitch ; il y ferait construire une maison. Ainsi, pas de loyer à payer ! Il serait son propre maître ! Quelqu'un avancerait bien la somme nécessaire... D'ailleurs, les calculs éternels le fatiguaient... tout s'arrangerait ! Il écartait de son esprit ces préoccupations ; il suivait attentivement le chant des enfants. Ils exécutaient un trio qui s'appelait *Voix des Archanges*. Le père ne pouvait l'écouter sans larmes. Il priait longtemps ; il se signait avec ardeur ; il adorait Dieu.

Les enfants, eux, ne partageaient pas cette joie. On félicitait le père ; on le regardait avec envie. Comme il élevait bien ses fils ! Il leur donnait une éducation au-dessus de leur condition, songeait-on, mais pourquoi pas ? Ils pourraient entrer à l'Université plus tard, et ils nourriraient leurs parents qui auraient ainsi une vieillesse tranquille. Un des petits Tchekhov, Nicolas, était très doué : il dessinait ; il pourrait devenir un artiste. Mais surtout, ce qui valait mieux que l'instruction, le père Tchekhov apprenait à ses enfants la crainte de Dieu. Les gamins n'étaient-ils pas fiers de montrer ainsi leurs talents devant tous ? Les gamins, cependant, se sentaient « de petits galériens ».

Jamais Anton n'oublierait cette fatigue, cet ennui, ces longues stations à l'église, ces retours à l'aube par les rues glacées. Cette religion inculquée à coups de fouet était si différente d'une foi véritable qu'il finissait par ne plus croire à rien. Il était impossible que Dieu trouvât du plaisir à ce qui lui causait à lui, Anton, tant de peines. Il aimait pourtant certaines fêtes, la nuit de Pâques, la plus solennelle, la plus merveilleuse de toutes les nuits dans la Russie orthodoxe, lorsqu'on ne prie même pas, « mais il y a une sorte de joie... enfan-

tine, informulée, qui cherche un prétexte pour
s'échapper à l'extérieur et se déverser en mouvements,
n'importe lesquels, ne serait-ce qu'en traînant partout
et en se pressant l'un contre l'autre... La même anima-
tion extraordinaire saute aux yeux jusque dans l'office
de Pâques... Partout où se pose le regard on voit des
feux... l'éclat, le crépitement des cierges... un chant
affairé et joyeux... »

Toute sa vie également, Anton aimerait le son des
cloches, mais le froid, le manque de sommeil, la sévérité du père, la lassitude et l'ennui avaient déjà détruit
en lui toute piété. Cependant, plus tard, célèbre, triste
et malade, écrivant à une femme aimée, il terminerait
ses lettres par de tendres invocations, surgies dans sa
mémoire des profondeurs de l'enfance : « Dieu te
garde en bonne santé... Les saints Anges te bénissent
et te protègent. » Mais les rites, les formes extérieures,
tout ce que son père estimait si précieux, il ne pouvait
s'empêcher de les détester.

Par les rues noires, car l'éclairage nocturne, sauf
dans les quartiers du centre, était inconnu à Taganrog,
piétinant dans la boue, mourant de sommeil, les
enfants Tchekhov rentraient chez eux. Pour reconnaître leur chemin dans les ténèbres, les passants portaient de petites lanternes accrochées à leurs bouton-
nières. Le magasin allait ouvrir bientôt, pensait Paul
Egorovitch : il ne valait plus la peine de coucher les
enfants.

VII

Tout ce qui était brillant et prospère à Taganrog était grec. La fortune d'un Vagliano atteignait, disait-on, cinquante millions de roubles. Les Scaramangni, les Alféraki, d'autres encore étaient les rois de la ville. Le commerce du blé se trouvait dans leurs mains. Persécutés en Turquie, ils s'étaient installés à Odessa, à Taganrog, dans tous les ports de la mer Noire, de la mer d'Azov, de la Caspienne et, là où les Slaves paresseux se ruinaient, eux gagnaient de l'argent. Cette réussite, Paul Egorovitch l'attribuait à quelque secret connu des seuls Grecs et qu'on ne pouvait acquérir qu'en parlant la langue de ce peuple, qu'en respirant l'air d'Athènes. Dès qu'Anton avait été en âge d'apprendre, on l'avait envoyé à l'école grecque. Plus tard, on le ferait voyager dans le pays où naissaient ces hommes sages et prudents qui trafiquaient si bien de vin, d'olives et de blé. Ainsi il deviendrait riche, la consolation de ses parents, l'appui de leurs vieux jours.

L'école grecque, à Taganrog, était contenue tout entière dans une seule chambre, où chaque banc représentait une classe. Pour un présent de vin, d'huile ou de tabac, les instituteurs, dont l'un, Spiro, était commissionnaire en blé, faisaient monter ou descendre les élèves (selon l'importance du cadeau) de classe en classe, c'est-à-dire d'un banc à un autre banc. Tous deux étaient brutaux et ignorants, fouettaient les élèves de verges. Les galopins du port, les enfants des matelots, des cordonniers, des tailleurs, sales, maltraités, grossiers, c'était là les camarades d'Anton. Enfin, l'enseignement se donnait en langue grecque, que les petits Tchekhov comprenaient à peine.

Paul Egorovitch finit par retirer ses fils des mains de Spiro et de son collègue, et Anton entra au gymnase de la ville. Il était heureux. Il allait revêtir enfin cet uniforme qui faisait rêver les petites filles. Anton était beau ; il avait un frais visage, au regard assuré, pénétrant, aux traits purs, une petite poitrine bien bombée dans le dolman aux boutons brillants.

Le gymnase de Taganrog ressemblait à tous ceux de ce temps, de ce pays. C'était l'époque des complots politiques, des attentats terroristes. En chaque écolier qui grandissait, en chaque étudiant futur, l'État semblait voir déjà un révolutionnaire dangereux. Rien de plus maladroit que ces excès de discipline, cette peur panique de toute nouveauté, de toute liberté, et cette froideur soupçonneuse... La révolution devenait un jeu passionnant, et on essayait de calmer l'excitation qui s'emparait des enfants par une sévérité absurde, par tout un système compliqué d'espionnage et d'intrigue. Les maîtres surveillaient « du point de vue politique » non seulement les élèves, mais les autres maîtres. Un des membres de l'enseignement se plaignait aux autorités :

« Mes collègues fument pendant les séances du conseil pédagogique ; ils ne prennent pas garde que dans la chambre même où ils se trouvent, une icône et le portrait de S.M. l'empereur ornent les murs. »

Il fallait former, pour l'empereur, avant toutes choses, des sujets soumis. On agissait en conséquence. Mais un si grand zèle pour le bien public se trouvait mal récompensé ; dans le gymnase de Taganrog, comme dans la presque totalité des gymnases russes, tous les gamins s'occupaient de politique, et dans l'esprit le plus révolutionnaire. Seul Anton Tchekhov, âgé de quatorze ans, se tenait à l'écart des réunions clandestines, ne se mêlait pas aux discussions où des philosophes de treize à seize ans défaisaient le monde et le rebâtissaient. Il ne lisait pas avec affectation les ouvrages défendus. Il était né incrédule, indépendant et moqueur. On lui indiquait la route qu'il devait suivre — c'était tantôt son père, tantôt ses professeurs ou ses camarades : il préférait trouver son propre chemin. D'instinct, il ressentait de l'aversion pour les grands mots et pour les vérités prêchées par un clan. Il se dérobait à autrui sans colère, sans insolence, mais doucement et fermement et, déjà, « ce qui se passait dans les profondeurs de son âme, personne ne le connaissait complètement ».

Comme ses camarades, le petit Tchekhov apprit beaucoup de latin et de grec pendant ses années d'adolescence ; comme eux, il passa de longues heures au Jardin public ; là, garçons et fillettes, délaissant la classe, se rencontraient dans les allées obscures, derrière les buissons de lilas, sur les marches de ce grand escalier qui descendait jusqu'à la mer d'Azov.

Les maîtres fouillaient le Jardin à la recherche des amoureux ; les plus tendres engagements étaient coupés par des voix glacées :

— Élève Tchekhov, allez en classe !

Quel souvenir Anton Tchekhov garda-t-il des onze années passées au gymnase (deux fois ses notes furent insuffisantes pour lui permettre de passer d'une classe à une autre : les veilles à l'église et à la boutique gênaient ses études) et des professeurs ? Devenu grand, il rêvait parfois d'un lieu extraordinairement triste et

abandonné, « de grandes pierres glissantes, d'une eau
froide d'automne... Lorsque je cours loin de la rivière,
je vois sur ma route le portail écroulé d'un cimetière,
un enterrement, mes anciens professeurs... »

VIII

À treize ans, Anton vit, pour la première fois, une scène et des décors. Le théâtre, à Taganrog, gardait encore quelque éclat de l'ancien temps, lorsque les acteurs de Moscou et de Pétersbourg venaient y jouer en tournée. Ces théâtres de province, malgré leurs portants poussiéreux, leurs sièges antiques, leurs machineries primitives, avaient d'excellentes troupes et, dans leur répertoire, on trouvait de bonnes pièces russes et étrangères.

Anton applaudit une opérette : *la Belle Hélène*, puis, pêle-mêle, des comédies légères, des mélos, des vaudevilles imités du français, et *le Révizor*.

Il fallait prendre bien garde de ne pas rencontrer de professeurs du gymnase ; on n'encourageait pas les lycéens à fréquenter les spectacles, ces écoles de libre pensée et d'indiscipline ! Aussi quel plaisir pour les gamins qui pouvaient fronder une fois de plus les autorités ! Que de ruses ! Quel orgueil de se glisser, au nez et à la barbe des pédagogues, dans un de ces temples d'immoralité où l'on apprenait à connaître une vie si différente de celle de Taganrog, une vie si colorée et si libre ! Anton, à quinze ans, pénétrait bravement dans les coulisses, parlait aux acteurs.

Tous se connaissaient dans la salle, depuis le public du parterre jusqu'à celui des dernières galeries. Pendant les entr'actes, Anton et ses frères, perchés aux dernières places, interpellaient les riches négociants grecs, assis dans les fauteuils du bas et qui lorgnaient les jambes des actrices. L'atmosphère était familiale.

De retour chez lui, Anton ne pouvait se défaire des souvenirs de la soirée ; il tâchait de les faire revivre par des lectures précoces et désordonnées, mais sa véritable passion était le théâtre. Il écrivait des tragédies, des farces, puis, devenant acteur lui-même, avec Alexandre et Nicolas, ou des camarades de gymnase, il créait un théâtre d'amateurs.

Il aimait se grimer, se costumer, tracer une moustache au charbon sur son visage, mystifier les gens. Un jour, habillé en mendiant, il traversa toute la ville de Taganrog, entra ainsi chez son oncle Mitrofane qui, distrait (ou complaisant), lui donna trois kopecks. Quelle joie ! Il improvisait des scènes comiques à table ; il inventait mille sornettes. Comme il savait rire, le petit Anton ! Toute sa vie il devait garder en lui ces traits de gaîté, ce tendre enjouement, le don du rire, non seulement « du rire à travers les larmes », chargé d'arrière-pensées satiriques ou morales, mais innocent et joyeux comme dans l'enfance.

Les petits Tchekhov s'enhardirent enfin à monter des spectacles en public. Cela se passait dans des granges ou dans les maisons d'amis plus fortunés qu'eux qui possédaient un salon. C'étaient d'heureux moments. Les affaires du père demeuraient aussi difficiles, mais il tentait de vaincre le mauvais sort. Sa maison était achevée ; il ouvrait un nouveau magasin. C'était absurde : le premier lui donnait bien assez de soucis et il rapportait fort peu, mais, dans la pensée de Paul Egorovitch, ce magasin futur arrangerait tout. Plein d'espoir en un avenir brillant, il décidait d'élever ses enfants de son mieux : ils iraient tous au gymnase.

Vers cette époque il leur fit même donner des leçons
de français par une certaine Mme Chopin, et de musique, par un employé de banque qui enseignait le piano
à ses moments perdus.

Ce fut alors, également, que les petits Tchekhov
fondèrent un journal : *le Bègue*. Alexandre et Anton le
rédigeaient ; Nicolas l'illustrait. Puis, les deux aînés
partirent : ils étaient en âge de poursuivre leurs études
à l'Université. Ils quittèrent Taganrog pour Moscou.
Anton resta seul directeur et auteur du *Bègue*, mais il
ne se lassa pas et ne l'abandonna pas.

Ce journal comique, ces mascarades, ces improvisa-
tions, toujours légères et railleuses, voici ce qui rem-
plaçait, pour Anton, les premiers poèmes, les essais de
roman, les confidences lyriques des adolescents ordinaires. En ce temps-là et dans ce milieu, un garçon de
son âge était traité avec trop de dédain, de brutalité
pour se prendre au sérieux et décrire, ne fût-ce que
pour lui-même, ses rêves et ses sensations. Bon cela
pour un jeune seigneur comme Pouchkine, pour un
Lermontov, adulé dès l'enfance ! Mais le fils de boutiquiers, Anton Tchekhov, avait moins de superbe.
Cependant il avait besoin, lui aussi, d'un refuge spirituel, loin des gronderies du père, des soupirs de la
mère et il le trouvait à sa façon dans de petites comédies plaisantes. Puis il se préoccupait de son avenir ; il
devinait qu'il ne fallait pas trop compter sur ses
parents. Peut-être, un jour, pourrait-il gagner quelques
sous en écrivant ? Alexandre, à Moscou, collaborait à
des journaux comiques. Certes, aucun garçon sérieux
n'eût envisagé de gaîté de cœur une carrière de littérateur, métier de meurt-de-faim, c'était bien connu, mais
il ne s'agissait pas d'une carrière, seulement un moyen
d'augmenter ses revenus éventuels comme le faisait
l'employé de banque qui complétait ses appointe-

ments en donnant des leçons de piano. Cela ne gêne-
rait en rien sa véritable profession. Au fait, laquelle
choisir ? Il hésitait. Il avait quinze ans, lorsque, dans la
steppe, en visite chez des amis, il se baigna par une
chaude journée d'été dans une de ces petites rivières
glacées qui errent et se perdent dans la plaine. Il fut
très malade : on le ramena à Taganrog mourant, avec
une péritonite. Il fut sauvé par le docteur du gymnase,
un Russo-Allemand du nom de Strempf ; pendant sa
convalescence ce dernier lui parla de médecine et de
sciences naturelles, et Anton résolut d'être docteur.
Mais il fallait d'abord terminer ses études au gymnase
de Taganrog et, déjà, la vie de province commençait à
lui paraître odieuse.

IX

Une ville comme Taganrog, dans les années 70, ressemblait par certains côtés à toutes les petites cités provinciales d'Europe : de même on y était curieux et cancanier, borné et tranquille, mais, par moment, on y respirait quelque chose d'étrange et de barbare, comme le souffle de l'Asie proche.

De la maison habitée par les Tchekhov, d'une fenêtre d'angle on voyait la place où les criminels étaient conduits pour entendre la lecture du jugement qui les condamnait. Précédés par des roulements de tambour, debout sur un char, les mains liées, ils portaient sur la poitrine une planche noire. On attachait les misérables à l'échafaud, et, s'ils étaient de naissance noble, on brisait une épée au-dessus de leur tête.

Les spectateurs étaient moins indignés par le crime qu'émus de compassion pour le coupable, selon l'état d'esprit naturel au peuple russe. Les veilles des grandes fêtes, les habitants de la ville se rendaient à la maison de force avec du pain et de l'argent qu'ils distribuaient aux prisonniers.

Dans ces rues sans lumière les femmes ne se hasardaient pas volontiers seules, à la nuit tombée. Le petit Michel Tchekhov, le frère cadet d'Anton, étant sorti un soir sur le pas de la porte avec la niania, avait vu enlever une fille sous ses yeux. Malgré les cris de la malheureuse, pas une fenêtre ne s'était ouverte ; personne n'avait songé même à venir au secours de cette femme, jetée dans une voiture qui était partie au galop.

La niania se gratta derrière l'oreille avec son aiguille à tricoter, soupira et dit :

— On a volé une jeune fille...

On envoyait ces femmes dans les harems turcs. L'indifférence des autorités et de la population était, dans de pareils cas, absolue.

Dans ce même Taganrog, quelques années plus tard, Alexandre Tchekhov entendait une femme crier en pleine rue à un gamin coupable de quelque espièglerie :

— Et où donc ta tante a-t-elle fourré ses trois petits bâtards ? Dis-nous un peu où elle les a noyés ?

Cependant un agent de police, sévère et solennel, écoutait tout cela avec le plus grand calme et sans témoigner la moindre curiosité.

En décrivant aux siens cet épisode, Alexandre terminait sa lettre par une exclamation :

— Cela, mes frères, n'est-ce pas tout Taganrog ?

« On dormait dans des chambres étroites, étouffantes, sur des lits de bois, pleins de vermine, on gardait les enfants dans des pièces extraordinairement sales et les serviteurs couchaient à la cuisine, sur le plancher, et se couvraient de haillons. On mangeait une nourriture insipide. On buvait de l'eau malsaine. »

On se promenait dans la grande rue, « les aristocrates (les Grecs) à gauche, les démocrates à droite ». On singeait la capitale. Les jeunes filles, en nombre incalculable, s'habillaient toutes de couleur olive ou chocolat si l'une d'elles avait entendu dire que c'était à Moscou la teinte à la mode. Cependant, fendant la foule des jeunes personnes « en tournure » à la Parisienne, passait une procession derrière un cercueil ouvert. Selon la coutume du pays, les enterrements se faisaient ainsi : le mort traversait pour la dernière fois la ville, le visage découvert, son front jaune luisant au soleil.

Avec les flâneries dans la grande rue et au Jardin public, les exécutions sur la place et les théâtres d'amateurs, Taganrog connaissait encore un plaisir : les promenades au cimetière, à demi religieuses, à demi profanes, où l'on mangeait et buvait assis parmi les tombes.

Anton, toute sa vie, aima les cimetières, ceux des villages voisins de Taganrog, où les cyprès sont remplacés par des cerisiers qui, l'été, font pleuvoir sur les croix leurs fruits « comme des gouttes de sang » ; plus tard, ceux de Moscou, ceux de Pétersbourg bâtis si près de la Néva que « les âmes des morts doivent descendre jusqu'au fleuve », plus tard encore, les cimetières tartares de Crimée avec leurs stèles écroulées et ceux d'Italie et de Provence.

« À l'étranger, ce qui l'intéressait plus que tout, c'étaient les cimetières et les cirques », dit son ami Souvorine.

X

On bâtissait encore la maison des Tchekhov et, déjà, l'argent manquait. La demeure était étroite et incommode : le père Tchekhov avait été trompé par les entrepreneurs, les architectes et les maçons. Tous, à qui mieux mieux, s'étaient engraissés à ses dépens. Les nouveaux propriétaires avaient à peine de quoi vivre. On se hâta de louer toutes les chambres disponibles. La famille se contentait de quatre pièces ; toutes les autres étaient occupées par des étrangers. Une veuve avec ses deux enfants, un garçon et une fille, habita pendant quelques mois chez les Tchekhov. Anton, âgé de quatorze ans, servait de répétiteur au garçon et courtisait la fillette. Tous deux se querellaient aussi souvent qu'ils s'embrassaient, mais c'était encore une forme d'amour et il faisait bon, le soir, se cacher dans l'ombre des arbres, dans la cour, tandis que les parents buvaient de grands verres de thé sous la lampe.

Alexandre et Nicolas étaient tous deux à Moscou. On ne leur envoyait pas un sou. Comment vivaient-ils ? La mère pleurait et priait, mais ne pouvait les aider en rien. Elle implorait le père qui répondait avec la plus grande froideur que ces galopins n'avaient qu'à se débrouiller, que lui-même avait assez de soucis sans eux. Quand on insistait, il feignait d'être sourd ou se mettait en colère. « N'avaient-ils pas dix-huit et vingt ans, ces deux dadais ? À leur âge, moi... »

Les deux jeunes gens, exaspérés, s'adressaient à Anton :

« Dis à papa, écrivait Alexandre, que, depuis long-temps, il aurait dû penser au pardessus de Kolia. Nous n'avons pas d'argent. Maman a tout le temps peur que je ne le maltraite, mais elle le maltraite elle-même, ne se préoccupant pas de l'achat d'un pardessus et papa combine des miracles ; il écrit que nous empruntions à quelqu'un de l'argent pour un paletot, et encore, avec un col de martre. Il (Kolia) n'a pas de bottes. Ses vête-ments sont déchirés. Il va à l'École (Nicolas était élève de l'École des Beaux-Arts) avec de la neige jusqu'aux genoux, en bottes trouées... À Taganrog on s'ennuie après lui, mais personne ne pense à sa situation. Tous savent bien qu'il ne peut penser à lui-même... » (*Moscou 1875*.)

À Taganrog, on savait également que tous deux buvaient et qu'ils n'avaient pas la tête solide de leur père, mais que « deux, trois verres de vin les rendaient fous ». Cependant on les abandonnait tranquillement à eux-mêmes avec l'insouciance résignée du Slave.

— Ils s'arrangeront, disait-on en versant toutefois sur eux quelques larmes.

Le père Tchekhov, pour terminer sa maison, s'était fait avancer 500 roubles par une banque locale. Ne pouvant les rembourser, il risquait d'être arrêté et mis en prison, car, en ce temps-là, la prison pour dettes existait en Russie. Il s'enfuit. Il eut à peine le temps de dire adieu aux siens ; pour ne pas être reconnu, il évita de prendre le train à la gare de Taganrog ; il marcha jusqu'à la station suivante ; là, se cachant encore, il monta en wagon et partit pour Moscou retrouver ses fils aînés. Il ne savait pas trop ce qu'il allait faire à Mos-

cou, mais, comme il avait espéré qu'il se trouverait
quelqu'un pour acheter à sa place un pardessus à Nicolas, de même, il songeait que « de bonnes gens » ou un
miracle le tireraient d'affaire. Et la femme ? les quatre
enfants restés à Taganrog, dont le plus grand, Anton,
avait seize ans, et le plus jeune, onze, qu'allaient-ils
devenir ?

— Ils s'arrangeront, pensait le père, caressant sa
barbe, regardant la steppe par la vitre du wagon.

Ils s'arrangeaient. Ils vendaient les cuillers d'argent,
les châles, les marmites et les plats.

Cela se passait en été ; il faisait si chaud que l'on ne
pouvait dormir dans les petites chambres étouffantes.
Anton et ses frères dressaient des tentes dans le jardi-
net devant la maison et y passaient la nuit. Chacun des
garçons avait son abri préféré ; celui d'Anton était sous
une vigne sauvage, plantée par lui. On s'éveillait à
l'aube, et c'était Anton que sa mère chargeait d'aller
faire les provisions. Il se rendait au marché, très grave,
son petit frère Michel courant derrière lui. Un jour, il
acheta un canard qu'il fit crier tout le long du chemin,
« afin que tout le monde sache, disait-il, que, nous
aussi, nous mangeons des canards ».

Cette jeunesse abandonnée, ce père fuyant la prison
pour dettes font songer à l'enfance de Dickens, mais le
petit Russe ne souffrait pas de sa pauvreté, de sa
déchéance de la même façon que l'Anglais. Jamais,
sans doute, Anton n'éprouva la honte qui torturait
Charles Dickens au souvenir de son passé. Il était
moins orgueilleux, plus simple qu'un Occidental. Il
était malheureux, mais il ne raffinait pas sur son malheur ; il ne l'empoisonnait pas de vanité blessée. Il ne
cachait pas avec confusion ses vêtements usés, ses
bottes percées. Il sentait d'instinct que cela n'était pas
essentiel, ni même très important et ne touchait en

rien à sa véritable dignité. Et de cette dignité, cependant, il avait une très haute et très belle idée.

Vers ce temps-là, Michel, lui écrivant de Moscou, signait sa lettre :

« Ton insignifiant petit frère. »

« Cela ne me plaît pas, répondait Anton : pourquoi te désignes-tu ainsi ? Tu dois reconnaître ton insignifiance devant Dieu seul. »

Il y a quelque chose de comique, mais que l'on ne peut s'empêcher d'admirer, dans cette leçon de fierté humaine donnée à un gamin de douze ans par un gamin de dix-sept.

Car Michel, en 1877, était déjà à Moscou. Un ami des Tchekhov avait promis de protéger la femme et les enfants de Paul Egorovitch et de sauver sa maison ; il la sauva effectivement, mais pour lui : elle devait être vendue aux enchères ; cet ami s'arrangea pour la racheter ; il la paya 500 roubles et il jeta dehors sans plus de cérémonie les anciens propriétaires. La pauvre mère prit avec elle Michel et Marie et partit pour Moscou, abandonnant Anton et Ivan. Une parente, ensuite, eut pitié d'Ivan qu'elle recueillit. Anton resta seul.

Seul à seize ans, sans ressources, ses parents ne lui ayant laissé qu'une recommandation vague : « Termine tes études et débrouille-toi ! » dans une maison qui ne lui appartenait plus et dont les meubles avaient été vendus à l'encan, c'eût été une situation paradoxale, inhumaine partout ailleurs qu'en Russie.

En Russie, c'était dur, mais supportable : quand on n'avait pas de lit, on couchait chez des amis. Quand on n'avait pas à manger chez soi, on dînait chez les autres. L'été venu, on allait passer un mois ou deux chez un camarade de gymnase et on l'accompagnait lorsque celui-ci se rendait à son tour chez d'autres amis. On arrivait ainsi à s'installer parmi des gens totalement

inconnus qui, pas un instant, ne songeaient à s'étonner
de votre présence ou à vous trouver indiscret. Enfin, à
seize ans, un garçon, en ce temps, en ce pays, était un
homme fait, et il était naturel qu'il gagnât sa vie.

Anton s'arrangea de la façon suivante : le nouveau
propriétaire de la maison lui offrit le logement et la
nourriture en échange de leçons à donner à son neveu.
Ce dernier était un jeune garçon à peu près de l'âge
d'Anton. Anton avait été dépouillé par l'oncle ; il se lia
d'amitié avec le neveu et il semble n'avoir ressenti
aucune humiliation, aucune amertume en vivant entre
ces murs qui avaient été à lui, dans cette demeure d'où
on avait chassé sa mère.

Il ne se plaignait pas de son sort. Il réconfortait les
siens. On avait laissé à la maison quelques vieilles casseroles, des fioles, des pots. Anton était chargé de les
vendre. Il s'en acquittait fort bien ; il envoyait à sa
mère le misérable argent qui lui était dû, en l'accompa-
gnant de lettres gaies et courageuses. Car il continuait
à rire. Et, sans doute, il avait souvent le cœur gros,
mais, peut-être, n'était-il pas malheureux ? Il n'avait
jamais été dorloté, et, pour la première fois de sa vie, il
était libre. Plus de père ! plus de boutique détestée !
Plus d'églises ! Il se sentait un adulte responsable de
ses actions et non un gamin menacé du fouet. C'était
enivrant. Cela permettait de croire au progrès.

« J'ai eu foi au progrès dès l'enfance, écrivait-il plus
tard, de ce ton mi-plaisant, mi-triste qui lui était habi-
tuel, car la différence entre le temps où on me corrigeait et le temps où on cessa de me corriger était
immense. »

Il pouvait passer toutes ses heures libres à la biblio-
thèque, s'attarder chez des amis, courir au Jardin
public, courtiser des jeunes filles. Elles regardaient
avec complaisance ce beau garçon brillant et fin. Il

était plus heureux que ses frères qui avaient une existence aussi dure que la sienne et aucune indépendance. Les cadets le considéraient avec respect et Michel lui écrivait de Moscou et le consultait sur ses lectures. Avec beaucoup de sérieux, Anton lui donnait de bons conseils. Michel avait pleuré en lisant *La Case de l'Oncle Tom* ? Fi donc ! Quel ouvrage insipide ! Qu'il lise plutôt *Don Quichotte*... Il y avait également certains essais de Tourguéniev, mais... « tu ne les comprendrais pas encore, petit frère ».

Mais cette liberté nouvelle, si elle consolait Anton, ne le rendait ni sec ni indifférent. En ces trois années de solitude, il grandit, se fortifia de corps et d'âme. Il était à l'âge où l'adolescent, encore saignant des blessures de l'enfance, se libère péniblement comme s'il se débarrassait de liens qui ont déchiré sa chair.

C'est l'âge où l'on mesure ce qu'on a souffert et où l'on juge les parents et les maîtres qui vous ont infligé ces souffrances.

Le jugement porté par Anton sur son père fut d'une grande modération. Il pensait, certes, comme il l'écrivit ensuite à son frère Alexandre (il ne se livrait pas aux étrangers), que « le despotisme et le mensonge avaient torturé son enfance à un tel point qu'il était terrible et répugnant de s'en souvenir », mais il n'éprouva pas de rancune. La rancune est le fait des petites âmes. Quant à sa mère, il l'avait toujours aimée. Elle lui était encore plus chère à présent. Il devinait bien qu'elle ne l'oubliait pas, qu'elle s'inquiétait, qu'elle était accablée de travail. Il s'adressait à un de ses cousins, habitant Moscou, pour lui demander de veiller sur cette pauvre femme, de la soutenir, et sur quel ton anxieux et tendre ! « Mon père et ma mère, il n'y a rien sur toute la terre qui nous soit plus précieux ! » Peut-être le père passait-il par-dessus le marché... Et la mère sentait à distance cette sollicitude.

— Écris à Anton, disait-elle à Alexandre, lorsque la vie devenait vraiment trop dure à supporter : écris-lui. Parle-lui de moi. Lui seul a pitié de moi.

À l'école, Anton travaillait avec application. Jamais ses notes n'avaient été aussi bonnes. Il lisait Spielhagen, Victor Hugo, et il écrivait ; il rédigeait toujours le fameux journal *le Bègue* qu'il expédiait à Moscou à ses frères, et il composait des pièces. Le théâtre le passionnait encore. Il essayait ses forces, tantôt dans le vaudeville, tantôt dans les drames où les voleurs de chevaux, les jeunes filles enlevées, les attaques de trains formaient un enchevêtrement inouï d'intrigues.

Pendant ces trois ans, il alla passer quelques semaines à Moscou et, quand il revint, que Taganrog lui parut petit et pauvre ! Quel ennui dans cette ville, les soirs d'été, dans ces rues désertes, où on respire une odeur de crottin, de poussière et de roses qui est l'atmosphère même de la province russe. De petites lumières paraissaient aux vitres. Dans chaque maison, on buvait, à cette heure, le thé du soir, en ressassant toujours les mêmes fades nouvelles, bâillant, jouant aux cartes sans passion, se gavant lentement de lourdes nourritures, et cela, jusqu'à deux, trois heures du matin, comme si l'effort d'aller de sa chaise à son lit était au-dessus des forces humaines. Et, pendant ce temps, à Moscou, des équipages couraient sur la chaussée entre des rues pleines de monde. On allait au théâtre, au concert. Les femmes avaient de la beauté et de l'esprit. « Ah ! Moscou, Moscou ! » Il ne rêvait pas de conquérir la capitale. Il était merveilleusement dénué d'ambition. Ce qu'il réclamait c'était un aliment pour son imagination et son cœur. Quelqu'un à admirer : les professeurs des universités de Moscou, les écri-

vains, les savants, voilà ceux qu'il eût aimé connaître.
Quelqu'un à aimer ? Il suivait d'un regard désabusé
« les demoiselles de Taganrog qui passaient en souriant avec beaucoup de coquetterie. Certaines étaient
jolies, mais si maniérées, si bornées ; leur langage était
vulgaire, leurs pensées pires. » Oh ! « demoiselles de
Taganrog », qu'il était ingrat envers vous, le jeune
Tchekhov ! Cet adolescent n'avait pas soif de dominer,
ni de séduire, mais de respecter. Et qui était respecta-
ble dans cette cité croupissante ? Il en venait à estimer
son oncle, Mitrofane. Il s'était souvent moqué de lui,
comme ses frères, dans son enfance. Mitrofane était un
marchand comme Paul Egorovitch, mais le parent
riche de la famille, celui que l'on venait implorer dans
les mauvais moments ; sermonneur, mortellement
ennuyeux avec ses conseils, sa morale, son ton patelin,
mais sincèrement pieux et charitable. Oui, ce Mitrofane, tout ignorant, superstitieux et ridicule qu'il fût,
était le seul homme de Taganrog, aux yeux d'Anton,
digne de respect, et cela donnait la mesure des
autres !...

Oh, partir !... Quel rêve !... Mais il n'y avait rien à
faire. Il fallait patienter, obtenir ce diplôme qui lui per-
mettrait d'entrer à l'Université de Moscou.

Quand il était las du Jardin public, il partait pour les
environs de Taganrog, mais ils étaient aussi peu aimables que la ville elle-même. Il existait au bord de la
mer un lieu dit « La Quarantaine », en souvenir d'une
épidémie de peste qui avait éclaté en des temps très
anciens. Alors, les habitants de Taganrog avaient été
refoulés vers ce village. À présent, on y avait construit
quelques villas. Les gens riches possédaient des propriétés dans la steppe ou en Ukraine ; c'était la petite
bourgeoisie qui devait se contenter de « La Quarantaine » pendant la saison chaude. « C'est un petit bos-

quet chauve... On s'y rend, à une distance de quatre
verstes de la ville, par une bonne route douce. Tu
avances et tu vois : à gauche, la mer bleue, à droite, la
steppe maussade, infinie... »

Dans un petit pavillon, aux colonnes lourdes et sans
grâce, bâti au bord de la mer, Anton rêvait, seul, ou
avec des jeunes filles. Sur le sable de la plage, « ron-
ronnaient tendrement de petites vagues. Les colonnes
étaient couvertes à hauteur d'homme de noms tracés
au crayon ou gravés au canif. Peut-être les noms
d'Anton Tchekhov et d'une fillette inconnue ont-ils
subsisté quelque temps, côte à côte, avant d'être effa-
cés par la pluie ou recouverts d'autres inscriptions
naïves, de dessins grossiers ?

Dans ce pavillon il retrouvait également des camarades, et tandis que ceux-ci parlaient politique avec
beaucoup de zèle et d'innocence, et qu'ils tenaient ces
propos enflammés que commandaient leur âge et la
mode du temps, Anton écoutait, en baissant un peu la
tête sans rien dire, car, toute sa vie, il préféra écouter
que parler.

Enfin, au temps béni des vacances d'été, Anton
retrouvait la steppe. Il passait un mois chez des amis,
un mois chez d'autres. En voyage, il couchait tantôt en
voiture, tantôt dans une misérable auberge, dans un de
ces relais où s'arrêtaient les marchands et, parfois, les
voleurs de chevaux.

Dès la fonte des neiges, la plaine se couvrait de
pousses vertes, mais le soleil et le vent la brûlaient, la
dénudaient si bien que, souvent, à la fin de mai, il ne
demeurait plus qu'une herbe sèche et jaune ; tout était
consumé, les fraîches anémones, les tendres fleurs
roses des pêchers sauvages et ces « voyageurs » emportés par la tempête qui traversent la steppe par bandes
sur l'aile du vent.

C'étaient des étendues de terre si vastes qu'après avoir réjoui l'âme d'un sentiment de liberté sans limites elles l'accablaient par leur silence, leur monotonie ; un pays sans forêts, sans montagnes, où les oiseaux sont muets, les fleurs mortes, les ruisseaux rares, perdus dans un sol torride, sans forces pour couler jusqu'à la mer.

Dans certaines propriétés, on vivait d'une existence primitive, presque asiatique encore. Dans l'une d'elles où Anton habita quelque temps, il apprit à monter à cheval, à chasser. Les chiens que l'on ne nourrissait pas, mais qui devaient chercher eux-mêmes leurs proies, étaient plus semblables à des loups qu'à des bêtes domestiques. Jusqu'aux oiseaux de basse-cour qui étaient abattus à coups de fusil. Cela ne valait pas Moscou, mais c'était une vie plus heureuse que celle du morne Taganrog.

Un jour, à la campagne, Anton se promenait seul lorsqu'il trouva un puits dans la steppe. Il s'approcha et il regarda longuement son reflet dans l'eau. C'était une journée calme et brûlante ; le ciel paraissait « extraordinairement profond et transparent », comme il l'est lorsqu'il s'étend en coupole, sans un nuage pour le troubler, au-dessus de cette plaine nue. Quel silence ! Tout à coup, une femme parut. Elle portait un seau qu'elle allait remplir d'eau fraîche. Lorsqu'elle fut près d'Anton, il vit que ce n'était qu'une fillette. Quinze ans, peut-être, et jolie... ses pieds nus écrasaient les hautes herbes. Elle posa son seau sur la margelle. Ils ne se parlèrent pas ; ils ne se regardèrent même plus, mais tous deux voyaient leurs visages sourire dans l'eau sombre. Sans un mot, Anton enlaça la petite paysanne et il se mit à la caresser, à l'embrasser ; elle ne tenta pas de fuir ; elle ne disait rien ; elle fermait les yeux comme toutes les amoureuses de la terre ; ses lèvres ne s'ouvraient pas pour des plaintes ou des rires, mais seulement pour des baisers. Le temps passait. Ils eurent peur d'être surpris ; ils délièrent leurs bras, mais ils ne pouvaient se séparer. Il la prit par la main et tous deux se penchèrent, toujours muets, au-dessus du puits. Le soleil, en s'y reflétant, paraissait obscurci comme de l'argent noir et le ciel était couleur de cendre. Mais il était tard ; la petite devait retourner au village. Silencieusement elle partit, tenant à la main le seau qu'elle avait oublié d'emplir.

Quelques mois après, Anton quittait Taganrog pour Moscou : l'enfance était loin.

XI

Voici dans quelles conditions vivait, à Moscou, en 1876, la famille d'Anton Tchekhov (son père, sa mère, ses quatre frères et sa jeune sœur ; lui-même terminait alors ses études au lycée de Taganrog, sa ville natale. Il avait seize ans).

Lettre d'Alexandre Tchekhov à son frère Anton :

« Moscou, le 27 septembre 1876.

« Nos affaires vont très mal... Nous avons mangé tout notre argent. Nous avons emprunté dix roubles à Micha Tchekhov (c'était un cousin établi à Moscou), mais cela aussi, nous l'avons dépensé... Rien de nouveau, toujours les vieilles histoires. Il ne reste rien à mettre en gage. »

Le père, boutiquier en faillite, qui avait échappé de justesse à la prison pour dettes, cherchait une place, mais le temps passait et il ne trouvait rien. Et pourtant :

« Nous allons tous les jours, tous les jours à l'église, écrivait ironiquement Alexandre, et, comme un ex-commerçant que nous sommes, nous nous rendons à la Bourse où nous écoutons des propos sur la guerre de Serbie, et, comme à l'ordinaire, nous revenons à la maison sans avoir rien trouvé. »

« La maison » était un lieu bien pauvre et bien
triste. Les Tchekhov erraient de logement en logement
et tous étaient trop chers pour eux ; ils finissaient par
échouer dans de véritables taudis : ils vécurent dans
une chambre et une soupente. Tout était sale et en
désordre. Ils recueillirent un chien, des oiseaux, puis
une vieille parente qui couchait dans la même pièce
qu'eux. L'incurie, la négligence russe augmentaient
encore cet air de misère. Alexandre, dans ses lettres à
Anton, décrivait avec vivacité cette existence, montrait
la mère vêtue d'un vieux pardessus d'homme, coupant
le bois, traînant de lourds seaux d'eau, pleurant sans
cesse. Marie, qui avait treize ans, travaillait comme une
servante. Le plus jeune des enfants, le petit Michel, ne
pouvait entrer au lycée faute d'argent pour payer les
inscriptions. Les deux aînés, Alexandre et Nicolas,
devaient partager avec leurs parents leurs maigres
gains ; ils donnaient quelques leçons, collaboraient à
de petits journaux illustrés. Nicolas était paresseux et
ivrogne. Alexandre avait séduit une femme mariée ;
celle-ci lui joua le mauvais tour d'abandonner son
époux ; Alexandre se trouvait désormais sans ressources, avec sa maîtresse et le fils de cette dernière
sur les bras. Tout cela provoquait des querelles entre
Alexandre et ses parents, et des lamentations, des
pleurs et des cris sans fin. Triste intérieur, en vérité !
« Pleurs des battus et clameurs de celui qui les bat,
écrivait Alexandre, fumée, désordre et gêne... »

Moscou, 27 février 1877.

« Nos parents sont des gens étonnants. Aucun d'eux
ne m'a jamais demandé si j'ai de l'argent, comment je
m'en procure, si je le gagne et si j'en ai beaucoup. Ils
ne s'y intéressent pas. Ils savent seulement que tous les
mois, à une date fixée, ils recevront de moi cinq rou-

bles, et par-dessus le marché, huit fois par mois ils m'empruntent de l'argent... »

Le père se consolait en lisant à haute voix à sa famille des sermons qu'il achetait chez le bedeau : « Tous écoutent et seul, parfois, le peintre (Nicolas), donne une tape sur la tête de son modèle et crie : « Seigneur, mon Dieu, Michka, quand apprendras-tu à tenir la pose ? Tourne-toi de trois quarts ! »

« — Plus bas ! Païens ! grondait le père.

« Le silence se rétablit. La lecture finie, le sermon est accroché à un clou et marqué de son numéro, de sa date et de l'inscription : « Prix : un kopeck d'argent. Loué soit Dieu. »

La misère n'empêchait pas qu'on s'enivrât. Les Tchekhov avaient des parents à Moscou, commis de magasin, petits boutiquiers, etc... « Leur conviction morale est toujours la même : lorsqu'on boit, on meurt, et lorsqu'on ne boit pas, on meurt. Ainsi, mieux vaut boire. » (*Lettre d'Alexandre à Anton, Moscou, 23 novembre 1877.*)

« Souvent, le soir (*Moscou, mars 1877*), se réunissent les Tchekhov des deux sexes... »

La table se couvrait « d'un nombre incalculable de bouteilles ». En buvant, on chantait des chants d'église « qui plaisent à l'ouïe et touchent l'âme ». Ivres et heureux, les hommes attendris s'embrassaient sur la bouche à la mode russe. Les dames, cependant, « oubliant les vains soucis quotidiens, parlent... de corsages, de tournures, etc. »

Puis, toute la famille se couchait sur un vaste matelas posé à terre et dormait là : père, mère, enfants pêlemêle, une cousine par surcroît, et Michel avec le chien.

« Vivre avec eux, s'exclamait Alexandre, c'est une existence de forçat. »

Le père, Paul Egorovitch, avait obtenu enfin une place de comptable ; il ne la garda pas longtemps, car : « ils me donnent un papier, se plaignait-il, et je ne sais quoi écrire ; ils me le disent, mais, tandis que je regagne ma place, j'oublie tout ».

— Je ne peux plus travailler pour ma famille, dit-il un jour à Alexandre.

« Lorsque je voulus savoir, écrit Alexandre, ce qu'il avait fait jusqu'ici pour sa famille, quel travail il avait accompli et de quelles affaires difficiles il s'était occupé, il me répondit : « Considérez les oiseaux du ciel. Ils ne sèment ni ne moissonnent, et ils n'amassent rien dans les greniers... et votre Père céleste les nourrit. »

Il eût bien aimé se faire entretenir par ses fils. « Papa et maman doivent manger », disait-il souvent d'un accent solennel, en caressant sa grande barbe. Que de fois Anton, plus tard, répéta en souriant cette phrase ; il était malade ; on le pressait de se reposer, ou on disait qu'il écrivait trop, qu'un véritable artiste ne produit pas autant, qu'il fallait plus de respect pour son art, plus de patience : « Mais vous savez bien que papa et maman doivent manger », répondait-il plaisamment et tristement.

Mais si Paul Egorovitch refusait de nourrir ses enfants, il n'entendait pas, pour si peu, renoncer à la puissance paternelle « qui vient de Dieu ». Un jour, la famille étonnée, trouva, pendu au mur, sous les saintes Icônes, un programme de vie, calligraphié avec soin, rédigé par Paul Egorovitch pour l'édification des siens. Voici ce texte qui, grâce à Alexandre, est parvenu jusqu'à nous :

Règlement des affaires et des devoirs domestiques de la famille de Paul Tchekhov, résidant à Moscou. Où est examiné et décrété quand il faut se lever, se coucher, manger, se rendre à l'église et de quelle manière occuper ses loisirs :

De cinq heures à sept heures du soir

Nicolas Tchekhov, 20 ans : surveillance et conduite intérieure :
Ivan Tchekhov, 17 ans : surveillance domestique selon le règlement ci-dessus ! ?

(Alexandre ajoutait : la ponctuation se trouve dans le texte original et exprime l'étonnement extrême de l'auteur lui-même.)

Tchekhov, Michel, 11 ans :
Tchekhov, Marie, 14 ans :
Fréquentation des églises, le salut à 7 heures, la messe à 6 h. 1/2 et 9 h. 1/2 les jours de fête.

Remarque: Approuvé par le père de famille, Paul Tchekhov. Ceux qui n'obéiront pas strictement à ce règlement seront sévèrement réprimandés pour commencer et, ensuite, corrigés ; il sera interdit de crier pendant la correction.

Signé: Le père de famille, Paul Tchekhov.

La correction fut appliquée d'abord à Tchekhov (Michel), 11 ans. Motif : s'est levé en retard de huit minutes. Un autre jour, Ivan fut si cruellement battu que les voisins, réveillés par ses cris, protestèrent. Du coup, Paul Egorovitch se lassa de sa besogne d'éducateur et le règlement disparut. Obscurément, il sentait que ses enfants commençaient à le juger et à se révolter contre lui. Que pensait Anton de tout ceci ? Il savait qu'Alexandre exagérait volontiers la brutalité et l'ignorance du père, et qu'il ajoutait quelques traits comiques à la réalité. Mais le fond demeurait vrai.

C'était cela, ses parents ; c'était son foyer et la vie qui l'attendait à Moscou. Ce qu'il écrivait alors aux siens, nous ne le savons pas ; toutes les lettres d'Anton, entre 1876 et 1878, ont été perdues dans les perpétuels déménagements de la famille — en trois ans, les Tchekhov ont chargé onze fois de logement — ou ont servi à allumer le feu. Quant à Alexandre lui-même, il s'intéressait en somme fort peu à Anton. Il lui écrivait pour se plaindre des parents, pour le charger de menues commissions (« Envoie-moi du tabac ; celui qui coûte un rouble à Taganrog en vaut deux à Moscou »), de lettres d'amour pour ses anciennes amies, mais il ne demandait jamais à son frère comment ce dernier se tirait d'affaire. Une seule fois il fit allusion aux difficultés d'Anton, et voici en quels termes : (« D'après ta dernière lettre, tu ne vis pas très brillamment ! Bah ! Cela se tassera ! »

Cependant, le père finit par trouver du travail dans un entrepôt de marchandises : 30 roubles par mois et logé. C'était un bonheur pour les Tchekhov ; on touchait parfois un peu d'argent et on était délivré du père qui ne couchait plus à la maison et n'apparaissait que le dimanche. Tous respirèrent.

XII

Anton Tchekhov, un garçon de dix-neuf ans, arrive à Moscou. Il est pauvrement vêtu d'un complet étriqué qu'il boutonne avec peine ; il est coiffé d'un ridicule chapeau trop petit. Il n'est plus un lycéen, enfin ! Il est étudiant ; il a pris ses premières inscriptions à la Faculté de médecine ; il a cessé d'être astreint à la stricte discipline du collège ; en signe d'indépendance, il ne coupe plus ses cheveux qui retombent en désordre dans son cou. Une moustache naissante apparaît sous le nez fin et droit ; son visage est très russe et très paysan : un visage de Christ au regard profond et tendre, mais la lèvre a un pli moqueur.

À cette époque, sa famille loge dans un sous-sol humide, sous une église. Par les fenêtres on n'aperçoit que la rue et les pieds des passants. Quelle obscurité là dedans, quelles lourdes odeurs ! Mais Anton est heureux de revoir les siens et, surtout, de vivre à Moscou. Il n'est pas seul ; deux camarades de Taganrog vont habiter avec lui et ces locataires permettront aux Tchekhov de manger un peu mieux, de déménager — encore une fois — et d'aller s'établir dans un appartement plus décent ; le quartier était celui des maisons de tolérance, mais le jeune homme n'y regardait pas de si près. Il était plein d'espoir dans un avenir meilleur, plein d'énergie. Il se débrouillerait. « Je serai riche, disait-il : cela est aussi sûr que deux et deux font quatre. » Pourtant, il n'était ni vaniteux ni cupide. La richesse, pour lui, cela signifiait simplement : se nourrir tous les jours, faire vivre les siens et, surtout, avoir une existence plus tranquille, plus propre. De tous les Tchekhov lui seul possédait une exigence intérieure, le désir d'une vie morale plus haute.

Alexandre et Nicolas avaient quitté la maison. Le père, il n'y fallait pas songer. Anton se trouvait l'aîné, le chef, et aussitôt il entreprit (à moitié inconsciemment) cette éducation des siens et de lui-même qui ne cessa jamais, en somme, jusqu'à sa mort.

— Ceci n'est pas bien, disait-il au petit Michel, étonné ; il est mal de mentir, de voler, de répondre à ta mère, de maltraiter les animaux.

Mais c'étaient moins ses paroles — car personne ne fut moins sermonneur qu'Anton — qui inspiraient le respect, que son exemple. Il était toujours courtois, tranquille, gai et d'égale humeur.

Peu à peu, la famille se relevait. Tous ces enfants Tchekhov étaient brillamment doués : Alexandre écrivait ; Nicolas dessinait. Ivan était maître d'école : bientôt il pourrait se suffire à lui-même. Jusqu'à Michel qui gagnait quelques sous en recopiant, pour les étudiants, les cours des facultés. Lui, Anton, serait médecin. La timide et nerveuse Marie adorait son frère, grandissait et devenait « une brave fille ». L'existence était plus clémente, par moment presque heureuse, malgré les soucis.

Tous ces jeunes gens avaient des camarades de dix-huit à vingt ans ; on se réunissait chez les uns, chez les autres, le plus souvent chez les Tchekhov, puisque jamais en Russie la pauvreté n'a empêché de tenir maison ouverte. Les amis d'Anton, en pension chez lui, payaient 20 roubles par mois, ce qui améliorait l'ordinaire ; des lits étaient dressés dans toutes les pièces. On riait ; on chantait en chœur ; on lisait à haute voix ; on écrivait aussi. Alexandre avait réussi à faire accepter quelques contes dans des journaux illustrés, et Nicolas, des caricatures. Pourquoi pas Anton ? En 1880, dans un petit journal humoristique, *la Cigale* parut la *Lettre d'un propriétaire du Don à son voisin* qui est sans doute la première œuvre littéraire imprimée d'Anton Tchekhov. Débuts bien modestes ! La seule ambition est de gagner de temps en temps quelques sous. Il écrit très facilement, « à demi machinalement », dira-t-il plus tard. Tous les périodiques, tous les illustrés, tous les journaux satiriques de Moscou sont sollicités par lui ; il ne signe pas de son véritable nom ; il a choisi un pseudonyme : « Antocha Tchékhonté ». Ses frères, ses camarades écrivent comme lui, en s'amusant, en tâchant, ainsi que lui encore, « de faire court, de faire drôle ». Parfois les manuscrits paraissent, mais que d'échecs ! Que de refus, jetés avec brutalité, avec mépris ! Personne ne songeait à ménager l'amour-propre de cet étudiant mal vêtu et si humble, si persuadé lui-même de son manque de talent, de son ignorance. Souvent, on refusait de lire le manuscrit qu'il apportait :

— Ça, une œuvre ? Mais c'est plus court que le nez d'un moineau !

Parfois, au contraire, ayant lu, on se donne le plaisir de répondre au jeune écrivain :

— Trop long ! Insipide !

Et on ajoute :

— On ne peut écrire sans avoir assez d'esprit critique pour juger son œuvre.

Anton, sans se décourager, brûlait son manuscrit, en écrivait un autre. Sa facilité tenait du prodige. Peu à peu, il s'adapte au goût de la clientèle. On le publie de plus en plus souvent. On a calculé qu'en 1880, il fait paraître neuf récits, en 1881, treize, et ainsi de suite. Sa production augmente tous les ans avec régularité pour arriver, en 1885, à son maximum. Cette année-là, il atteint le chiffre de cent vingt-neuf contes, saynètes ou articles. Mais le tout n'est pas de voir son œuvre imprimée. Le plus important est d'être payé, le plus important et le plus difficile. Tout ces petits journaux vivent au jour le jour et sont périodiquement au bord de la faillite. Il faut quémander, supplier, menacer pour obtenir quelques kopecks, et que d'attentes vaines, que de rebuffades !

« Parfois, nous nous rendons tous à la rédaction du journal, toute une bande, pour que ce soit moins ennuyeux. — Le patron est là ? — Il est là. Il vous prie d'attendre. — Nous attendons une heure, deux heures, puis nous perdons patience, nous commençons à frapper les murs, la porte. Arrive enfin un gaillard tout ensommeillé, du duvet dans les cheveux, qui demande avec étonnement : — Que désirez-vous ? — Où est le patron ? — Il est parti depuis longtemps : il a filé par la cuisine. — Il n'a rien laissé pour nous ? — Il a dit de repasser un autre jour. »

Souvent le petit Michel était chargé par ses frères de courir ainsi de rédaction en rédaction. Il s'agissait d'une dette de trois roubles...

— Trois roubles, lui répondait-on ; mais je ne les ai pas ! Où voulez-vous que je les prenne ? Désirez-vous un billet de théâtre ? Ou un nouveau pantalon ? Vous pouvez aller chez le tailleur un tel et vous commander un pantalon. Dites qu'on le mette sur ma note.

Les mœurs étaient patriarcales.

Anton trouve-t-il au moins du plaisir à imaginer, à composer ses récits ? Même pas ! Il écrit avec hâte, avec ennui, attentif seulement à ne pas dépasser le nombre de lignes qui lui a été accordé par son journal. Il n'a aucune confiance en lui-même. On lui a inculqué la modestie à l'aide de gifles et de coups de poing quand il était petit. Il ne peut se défaire de ce sentiment d'infériorité, d'humilité qu'il a toujours éprouvé, chez lui, et à l'école. Il n'en souffre pas. C'est tout naturel. Lui, Anton Tchekhov, du talent? Allons donc! Ses récits sont « des sornettes, des bêtises ». Il est vrai qu'ils sont faibles : le style en est lourd, le comique souvent laborieux, l'invention outrée, et pourtant, et pourtant... En quelques lignes, en une demi-page apparaît le véritable Tchekhov, avec son tendre et triste sourire. Elle est de 1882, cette plainte mélancolique : « La première neige est tombée, puis la seconde, la troisième, et commence le long hiver, avec son froid glacial... Je n'aime pas l'hiver et je ne crois pas ceux qui prétendent l'aimer. Avec ses clairs de lune magiques, ses troïkas, ses chasses, ses concerts et ses bals, l'hiver nous ennuie bien vite ; il dure trop longtemps ; il a empoisonné plus d'une existence sans abri, malade... » (*Fleurs tardives,* 1882.)

XIII

Tous ces journaux où collaborait Anton étaient des feuilles éphémères ; à cette époque, peu de revues humoristiques pouvaient prétendre à un public étendu, à un certain succès. Toutefois, l'une d'entre elles avait beaucoup de lecteurs ; elle appartenait à Nicolas Alexandrovitch Leykine ; elle était éditée à Pétersbourg et s'appelait *Oskolki (les Éclats)*. Leykine était lui-même un écrivain assez connu et pénétré de son importance d'éditeur et d'auteur. Il aimait beaucoup son journal et il cherchait partout des jeunes gens doués et pauvres qui pourraient lui fournir de la copie brillante à bon compte. À Pétersbourg, les écrivains étaient gâtés et exigeants. À Moscou, pensait Leykine, il aurait plus de chance de découvrir ce qu'il lui fallait. C'est ainsi qu'un jour d'hiver, en 1882, Leykine, après avoir bien déjeuné, fumait un excellent cigare et parlait à un ami, dans le traîneau qui les emportait tous deux, des difficultés de sa profession, des prétentions de la jeunesse et de son désir de découvrir un collaborateur intelligent et modeste. Il faisait jour encore. La neige couvrait les rues. L'ami de Leykine l'écoutait et regardait distraitement les passants. Tout à coup, il aperçut deux jeunes gens mal habillés et leur fit signe. Leykine demanda :

— Qui est-ce ?

— Ce sont deux frères, les Tchekhov, Anton et Nicolas. L'un dessine, l'autre écrit de petits contes ; il a publié dernièrement quelque chose de tout à fait gentil.

— Mais, s'écria Leykine, ils peuvent m'être utiles !

On arrêta le traîneau. Les deux hommes descendirent. On ne pouvait parler longtemps dans la rue : le froid était cruel. Leykine, son ami et les Tchekhov entrèrent dans un cabaret voisin. On commanda de la bière :

— Pouvez-vous me donner de la copie, des dessins ? demanda Leykine.

S'ils le pouvaient ! Ils écrivaient et dessinaient si facilement ; Anton surtout était sûr de lui-même. Nicolas promettait tout ce qu'on voulait, mais il était trop paresseux pour achever ses caricatures, pour les livrer à la date fixée. Il gaspillait, pensait-on autour de lui, les dons les plus certains. Il négligeait son avenir. Mais ce garçon rongé de tuberculose pressentait sans doute qu'un très court avenir lui était dévolu. Tout autre était Anton ; il ne craignait pas le travail et en regardant, en contemplant cet estimable M. Leykine, un auteur connu, apprécié, l'ambition s'éveillait enfin en lui. Après tout, peut-être atteindrait-il un jour à une pareille renommée ?

Il dit joyeusement qu'il pourrait envoyer aussitôt à M. Leykine quatre, cinq récits.

— Très courts, naturellement ? Et drôles. Cela seul plaît au public. La censure veille. Évitez le sérieux. Que ce soit léger, comique, alerte, rapide...

Anton consentait à tout. La vie était belle. Et combien serait-il payé ?

— Huit kopecks la ligne. Quatre à cinq roubles pour un récit.

C'était magnifique.

— Vous pouvez nous envoyer aussi des saynètes, des vaudevilles...

Anton pensait à tous ses manuscrits refusés... Quelle aubaine ! Et à ceux d'Alexandre. Car il ne séparait pas, en pensée, son sort de celui des siens. Il ne lui suffisait pas que Nicolas partageât sa chance. Il fallait penser à l'aîné, absent de Moscou.

« Dès demain, je lui écrirai, songeait Anton ; qu'il expédie des contes de cinquante à quatre-vingts lignes... Qu'il en écrive tout de suite cinq ou dix... » Pourquoi pas ? Écrire était aussi facile que parler, que respirer. Le jeune Tchekhov ne reculait devant rien ; il mettait en scène, s'il le fallait, des aristocrates hongrois et « le demi-monde parisien » [1], lui qui n'avait jamais quitté la Russie et ne connaissait que des étudiants, des marchands et le petit peuple de Moscou. Qu'importe ! Tout plaisait au public. « Le public moscovite n'a aucun goût, aucune culture ! »

Tout à coup, Tchekhov s'adressa à Leykine :

— Pouvez-vous me donner un de vos livres ? Je le garderai précieusement. Je le ferai relier.

Leykine promit en souriant : il était flatté de cette marque d'attention. Anton se sentait de plus en plus heureux. Les nouveaux amis se séparèrent.

— Voilà du travail pour nous, dit gaîment Anton à son frère, dès qu'ils furent seuls.

Pour la première fois de sa vie, il éprouvait de l'orgueil, non de ses propres œuvres, mais du journal où elles allaient paraître. Il écrit à Alexandre :

« Il faut te dire que *les Éclats* sont en ce moment le journal le plus à la mode... On le lit partout... J'ai le droit maintenant de regarder de haut les autres journaux. » Naturellement, il faudrait travailler davantage.

----

1. *La Victoire inutile*, 1882.

Jusqu'ici, il ne s'était même pas donné la peine de recopier proprement ses manuscrits. Il était prêt à le faire ; il les remanierait, si c'était nécessaire, songeait-il. Ce qui manquait, c'était le temps, c'était une chambre tranquille. C'était la paix de l'esprit. Il avait vingt-deux ans, et il lui fallait encore emprunter autour de lui cinq, dix roubles, un veston, une paire de bottes. Bah, cela finirait bien un jour ! Quand il serait médecin. La littérature n'était qu'un passe-temps. Sa vocation véritable était ailleurs. Et, dans la salle à manger pleine de monde, écoutant autour de lui ses frères, ses camarades rire et parler, riant lui-même, buvant de grands verres de thé, sur un coin de table, Tchekhov écrivait ses premiers contes.

Il accomplissait également une besogne de reporter pour Leykine. Cela l'amusait. Il était curieux de tout. Théâtres, procès, scènes de la rue, de la boutique, cambriolages, autopsies, tout cela lui procurait des sujets pour ses récits et augmentait son expérience. Il était très jeune et, cependant, il avait déjà vu tant de types divers de l'immense Russie. À Taganrog : les boutiquiers, les popes, les maîtres d'école, les paysans, les matelots. À Moscou : les marchands, les fonctionnaires, la petite bourgeoisie besogneuse, les étudiants, le menu peuple des citadins, des commis, des cochers, des dvorniks. En 1883, son frère, Ivan, fut nommé instituteur dans une petite ville voisine de Moscou et les Tchekhov habitèrent là pendant l'été. Anton connut les militaires de la garnison, les jeunes filles de province. Un peu plus tard, il travailla dans un hôpital. Là encore, ce furent d'autres types. Un monastère se trouvait non loin de la ville ; Anton le visitait, parlait aux moines. Les gens, les situations, les événements qui eussent paru indifférents à d'autres, à peine dignes d'être remarqués, intéressaient Anton ; il créait un monde d'une coquille de noix. Un jour, un écrivain disait devant lui qu'il était difficile de trouver des thèmes pour des nouvelles ou des contes :

— Que dites-vous ? s'exclama Tchekhov. J'écrirais à propos de n'importe qui, de n'importe quoi...

Ses yeux brillaient. Il regarda autour de lui, cherchant un objet quelconque, saisit un cendrier :

— Tenez ! regardez ceci ! Je peux écrire demain une nouvelle qui s'appellera *Le cendrier*. Voulez-vous ?

Jeune, gai, ardent, l'esprit avide, il regardait alors le monde avec le seul désir d'y trouver la matière de récits légers. La clientèle les voulait ainsi. Parfois, il imaginait un sujet grave ou triste. Il s'en excusait auprès du rédacteur : « Je crois, écrivait-il, qu'une petite chose sérieuse d'une centaine de lignes ne peut trop déplaire (textuellement : ne crèvera pas les yeux du public) », mais lui-même sentait qu'il fallait faire attention, qu'on lui pardonnerait une fois, mais qu'on lui demanderait encore et toujours du comique. C'était dommage, parce que cette obligation de faire rire à tout prix finissait par fatiguer l'âme et éveiller il ne savait quelle tristesse au fond du cœur. Pourtant, le Tchekhov des jeunes années n'eût pas demandé mieux que de traiter la vie en amie souriante et aimable, que de rire avec elle, mais... pour écrire, ne fût-ce que « des sornettes, des bêtises », il faut bien regarder autour de soi, observer la réalité, et la réalité était assez laide et triste. Maris trompés (*On ne court pas deux lièvres à la fois*, 1880), parents ignares et brutaux (*Papa*, 1880), mariages stupides (*Avant la noce*, 1880), paysans maltraités (*Pour des pommes*, 1880), le rire souvent s'achève en grimace. Mais les gens riaient. Que fallait-il de plus ?

XIV

La Russie des années 60 avait, dans son immense majorité, souhaité l'abolition du servage, désiré des réformes sociales, espéré un avenir meilleur. Tous les maux venaient, pensait-on, de l'esclavage du moujik. À force de le plaindre, on avait fini par faire du paysan russe un idéal, un modèle. Au lieu de voir en lui un homme ordinaire, ni meilleur ni pire que les autres hommes, quoique corrompu par des siècles de malheur, « l'intelligenzia » russe voulait à toute force reconnaître en cet Ivan, ce Dimitri aux pieds nus et à la barbe sale un prophète, un saint. Enfin, le servage avait été aboli et le paysan s'était révélé une brute ignorante, aussi capable de cruauté et de lâcheté que ses maîtres. Malgré l'affranchissement, il était misérable comme par le passé. Quant aux nobles, ils étaient à demi ruinés. Les zemstvos (administrations rurales) ne fonctionnaient qu'avec peine. La corruption des fonctionnaires — mal antique, mal éternel de la Russie — était la même depuis Gogol. Après l'attentat du 1er mars 1881, la réaction se montra toute-puissante, rappelant, par instant, les plus mauvais jours du règne de Nicolas Ier. Une censure stupide, des mœurs féroces, les révolutionnaires et le gouvernement rivalisant de cruauté dans l'attaque et la répression, tel était, à peu ·près, le tableau de la société russe dans les années 80-90. Les gens ne ressentaient plus que du découragement et de l'indifférence. Tant de songeries nobles et généreuses, tant de vies sacrifiées, pour aboutir à quoi ? On était dégoûté de la politique et des réformes sociales. Les ouvriers seuls s'agitaient encore, mais cela demeurait très loin de « l'intelligenzia ». Celle-ci, déçue par le moujik, ignorait l'ouvrier et, probablement, l'eût redouté si elle avait pu le connaître. À distance, et maintenant que nous savons ce que cachaient les années à venir, comme elle paraît pathétique, cette tristesse, cette apathie de la classe privilégiée, alors qu'elle était promise à la plus terrible fin !

On cherchait alors, comme toujours, une raison de vivre. Ne parlons pas ici du marxisme qui plaisait si fortement à la jeunesse ; ses fruits ne devaient apparaître que plus tard. Dans les années 80, l'esprit russe était sollicité par trois tendances :

D'abord, la résignation et la pratique des petites vertus (« Ne cherchez pas midi à quatorze heures, disait-on. À quoi bon des réformes extraordinaires ? Que chacun, dans sa modeste sphère, travaille de son mieux. Donnez à manger à celui qui a faim, bâtissez une école, un hôpital, soyez honnête, miséricordieux, et cela suffit. »)

Puis l'extrême individualisme (la théorie de l'art pour l'art.)

Et, enfin, le perfectionnement de soi-même, mis à la mode par Tolstoï.

Malheureusement, aucune de ces conceptions ne pouvait satisfaire pleinement « l'homme de bonne volonté ». La Russie était trop grande, trop misérable pour ne pas décourager les « petites vertus ». À quoi bon bâtir une école, ou même dix, ou même cent, pour des millions d'illettrés ? Pourquoi donner à manger aux habitants d'un village, d'une ville, quand tout

le reste de la Russie mourait de faim ? Comment
demeurer honnête dans un pays où tous, du plus petit
au plus grand, volaient et pourquoi ? L'individualisme,
à bien y réfléchir, ne valait pas mieux : à moins d'être
une brute sans cœur, on ne pouvait oublier la souffrance de milliers d'innocents. Alors, que restait-il ? Le
perfectionnement de soi-même, la recherche de la
vérité, selon Tolstoï ? Cette théorie avait un grand pouvoir sur les âmes, mais, elle non plus, ne donnait pas le
bonheur. Les hommes des années 80 étaient tristes,
inquiets, dévorés de regrets, de scrupules, d'obscurs
remords et de pressentiments étranges.

On ne peut imaginer une époque plus différente de
la nôtre que celle-là. Ces gens nous semblent heureux.
Ils ne savaient rien des maux dont nous souffrons. Ils
souhaitaient la liberté. Ils n'ont pas connu la tyrannie
qui pèse sur nous. Lorsqu'on les imagine, dans leurs
vastes demeures, ne connaissant, en fait de guerres,
que celle de Turquie, très loin, sur les confins de
l'empire, que des troubles agraires ou des grèves, au
lieu de nos révolutions, combien nous les envions !
Pourtant, ils étaient malheureux, sincèrement et profondément, plus malheureux que nous, peut-être, car
ils ignoraient ce qui les faisait souffrir. Le mal régnait,
alors comme maintenant ; il n'avait pas pris, comme
aujourd'hui, des formes d'Apocalypse, mais l'esprit de
violence, de lâcheté et de corruption était partout. De
même qu'à présent, le monde était divisé en bourreaux
aveugles et en victimes résignées, mais tout était mes-
quin, étriqué, pénétré de médiocrité. On attendait
l'écrivain qui parlerait de cette médiocrité sans colère,
sans dégoût, mais avec la pitié qu'elle méritait.

La littérature avait, alors, un grand pouvoir sur les
âmes. Ce public oisif, cultivé, fin, ce qu'il recherchait,
ce n'était pas une distraction brillante, ni une pure

satisfaction esthétique, mais une doctrine. Au meilleur sens du terme, l'écrivain russe était un maître. On ne s'adressait pas à lui avec la question implicitement posée par le lecteur européen : « Que sommes-nous ? » mais on l'interrogeait anxieusement : « Que devons-nous être ? » Et tous s'efforçaient de répondre à leur manière. *Les frères Karamazov* venaient de paraître. Saltykov-Stchédrine écrivait *Les messieurs Golovlev*. C'était l'époque des derniers récits, parfaits et mélancoliques, de Tourguéniev. Tolstoï était roi, était dieu. Et parmi tous ces grands hommes vénérés par la Russie entière, Anton Tchekhov, un jeune garçon modeste, qui ne pensait qu'à gagner sa vie, écrivait ses premiers contes.

XV

Il était une heure du matin, au mois d'août. Anton écrivait ; la nuit, dans une maison russe, personne ne songe à dormir. On avait longuement bu le thé du soir ; des amis, passant sous les fenêtres, apercevaient une lumière et montaient ; ils ne songeraient pas à partir. Le père Tchekhov lisait à haute voix un feuilleton qui lui plaisait particulièrement. Il pouvait lire tout haut pendant des heures, sans se lasser. Sa femme, seule, l'écoutait. Les jeunes frères d'Anton riaient et parlaient entre eux. Quelqu'un faisait marcher une boîte à musique. L'air de *la Belle Hélène* se mêlait aux cris d'un nourrisson dans la chambre voisine. C'était l'enfant d'Alexandre. Alexandre lui-même couchait dans le lit d'Anton. Anton s'installerait où il pourrait. L'hospitalité russe est sans limites.

Alexandre s'était enfin débarrassé de sa première maîtresse, mais il s'était presque aussitôt remis en ménage. Il s'agissait encore d'une femme mariée, et d'une Juive, par surcroît. Il avait obtenu une place à la douane de Taganrog (« mon frère Alexandre est un humoriste, écrivait Anton : il est entré à la douane de Taganrog lorsque tout était déjà volé... »). Pauvre Alexandre ! Les dettes et l'ivrognerie faisaient de sa vie un enfer. Quand il ne buvait pas, il était vif, spirituel et charmant, un aimable compagnon et un honnête homme. Mais, dès le premier verre de vin, il perdait la tête ; il empruntait de l'argent à sa famille, à ses amis, à des inconnus, ne remboursait jamais un sou ; il s'endettait davantage ; il racontait ses malheurs à tous. Cette femme qu'il avait ramassée dans le ruisseau, Dieu sait pour quelles raisons chevaleresques, sentimentales, peut-être par veulerie ou par amour (il ne savait lui-même), cette femme lui devenait odieuse ; il l'injuriait, la maltraitait parfois. Il pleurnichait ; il mentait ; il prétendait aimer ses enfants et les négligeait, les battait. Nicolas ne valait pas mieux ; sa maîtresse et celle d'Alexandre étaient sœurs. Nicolas buvait, lui aussi, et crachait le sang. Mais on le voyait moins souvent qu'Alexandre qui, lorsque tout allait trop mal, prenait avec lui sa femme, sa servante, ses meubles, des paniers de linge, ses enfants, et partait pour Moscou. Ils s'installaient tous chez Anton et vivaient à ses frais.

Anton écrivait, malgré les airs de la boîte à musique, malgré la voix monotone de son père et les cris de l'enfant malade. Mais, cette nuit-là, Alexandre se sentait plus malheureux encore que d'habitude. Il lui fallait absolument se plaindre à quelqu'un, se faire consoler, et qui pourrait l'écouter mieux qu'Anton ? Bâillant, gémissant, il entra chez son frère. Il lui parla longuement du bébé. « Certainement, elle a des coliques. C'est pourquoi elle pleure. » Anton, d'ailleurs, était étudiant en médecine : on pouvait obtenir de lui quelques conseils gratuits. Puis, commencèrent les éternels soupirs, les plaintes. Il avait gâché sa vie. Il était coupable, certes, mais personne n'avait pitié de lui, personne ne le comprenait. Il parla de sa santé (mauvaise), de celle de sa femme, de son ennui, de son existence vide, de ses camarades insolents ou serviles, de la vie en général, des mœurs, de la politique, de Dieu. Anton, résigné, l'écoutait. L'enfant poussait de tels cris qu'ils couvraient jusqu'à la voix du vieillard, jusqu'aux airs de *la Belle Hélène*, jusqu'aux éternels « razgavors » de la salle à manger. « Avoir une chambre tranquille, pensait Anton, un coin à soi... » Il avait repoussé la page commencée ; Alexandre ne le lâcherait pas jusqu'à l'aube. Tandis que son frère parlait, Anton mettait sous enveloppe les quelques contes terminés, les adressait à Leykine et griffonnait ce mot :

« Cet envoi appartient au nombre des ratés. Les remarques sont pâles et le récit trop court. J'ai un sujet meilleur, et j'aurais écrit davantage, mais, cette fois-ci, le sort est contre moi. » (*Moscou, août 1883.*)

L'été venu, les Tchekhov quittaient Moscou. Père, mère, enfants, avec les dessins de Nicolas, les paperasses d'Anton, le samovar, les pots de confiture et les casseroles du ménage, ils se mettaient à la recherche d'un coin bon marché aux environs de la ville. En 1885, ils louèrent un pavillon dans une propriété qui s'appelait Babkino. La maison des maîtres se trouvait à un bout du parc et, à l'autre, c'était la demeure des Tchekhov, une longue et basse construction en bois.

Ils arrivèrent là au commencement du printemps :

« Il est à présent six heures du matin. Les hôtes dorment... Le silence est extraordinaire... Quand nous sommes arrivés, il était déjà une heure de la nuit... Les portes de la villa n'étaient pas fermées... Sans éveiller nos hôtes, nous sommes entrés, nous avons allumé la lampe et nous avons trouvé quelque chose qui dépassait tout ce que nous attendions, des chambres immenses... Il y a plus de meubles qu'il n'en faut... Nous étant installés, j'ai rangé mes valises et je me suis assis pour manger un morceau. J'ai bu un peu de

vodka, un peu de vin, et... tu sais, c'était gai de regarder à travers la fenêtre les arbres qui s'assombrissaient,
la rivière... J'entendais chanter un rossignol et je n'en
croyais pas mes oreilles... »

C'était le 10 mai 1885. Il écrivait à son frère Michel,
resté à Moscou. Il n'aimait pas, dans sa correspondance, parler des choses qui lui tenaient à cœur. Et
son amour pour la nature faisait partie de ces sentiments pudiques et profonds que l'on n'exprime pas,
sauf en littérature. Mais, alors, c'est différent, naturellement. On s'adresse à un monstre mythique, invisible
— le public — et non au petit frère Michel, témoin
moqueur de vos premiers écrits, qui sait combien de
fois déjà vous vous êtes servi, pour gagner quelques
sous, du chant du rossignol, des « sombres arbres » et
de la rivière. Mais, cette nuit, Anton était très heureux ; les soucis s'effaçaient. Soucis d'argent d'abord :
« Il est dur de payer d'un seul coup vingt-cinq roubles » (1883). « De Moscou, je me suis sauvé loin des
anniversaires, qui me coûtent plus cher que n'importe
quels voyages » (1884). « Pas d'argent. La Gazette de
Pétersbourg n'a rien envoyé encore. Le Divertissement
me doit des miettes. Du Réveille-Matin on ne pourra
pas tirer plus de dix roubles... » (1884). Soucis de
famille : « Nicolas est malade et gagne peu. Alexandre
ne vaut rien » (1884). Soucis de santé, enfin : l'année
précédente, il s'était trouvé mal, un jour : il avait craché du sang. « Il y a dans ces hémorragies quelque
chose de menaçant, comme les flammes d'un incendie. »

Un instant, il avait tremblé. Il ne voulait pas mourir.
La vie était douce. Il y avait tant de choses charmantes
— les jolies femmes, car il aimait la beauté, ce n'était
pas un ascète, mais le plus humain des hommes, la
nature, la flânerie, les livres, le théâtre, l'amitié. Ce

mouchoir maculé de sang signifiait-il... la mort ? Il
avait appelé à son secours non pas sa résignation, son
orgueil ou sa science, non pas une vertu d'Occident,
mais cette paresse slave qui consiste à s'asseoir en face
de la vérité, à regarder longtemps, fixement, sans faire
un geste pour la fuir, à la regarder si bien qu'elle finit
par perdre toute forme, par se fondre en une sorte de
brume, par se dissoudre et disparaître. Il n'avait pas
pensé à se soigner, à changer de vie. « J'ai eu une
hémorragie, écrivait-il à ses proches, mais non tuber-
culeuse. »

Il ne fallait pas songer à tout cela, cette nuit. Il avait
devant lui quelques semaines de répit. Il se baignerait
dans la rivière ; il pêcherait à la ligne — l'eau était pois-
sonneuse. Les maîtres de Babkino, les Kisselev, sem-
blaient charmants. Malgré la différence des castes,
aucune hauteur en eux à l'égard des Tchekhov : « Elle
(Mme Kisselev) a donné à ma mère un pot de confiture, écrivait Anton ; elle est follement aimable. » Et
l'avenir paraissait en somme, assez brillant. N'avait-il
pas fini, cette année, ses études de médecine ? Malheureusement il avait trop d'amis ; on était toujours prêt à
venir à lui, mais personne ne songeait à le payer. De
province même on s'adressait à lui. C'était flatteur,
mais peu rémunérateur de donner par correspondance
des consultations comme celle-ci :

« De quoi souffre la fillette d'Onoufri Ivanovitch ?
Ma mère me l'a dit, mais j'y ai compris peu de chose.
Baigne-la dans de l'eau salée, le matin (une cuillerée de
sel pour un baquet contenant un ou deux seaux
d'eau). »

Pris de scrupules, il avait ajouté :

« D'ailleurs, vos médecins s'y connaissent mieux
que moi. »

De toutes les rêveries qui lui venaient à l'esprit,

cette nuit de mai, dans le silence de la maison en'dor-
mie, une seule, certes, ne s'approchait pas de lui et ne
le troublait pas. C'était l'idée de la gloire. Qu'il en était
loin ! Et pourtant...

XVI

LETTRE DE GRIGOROVITCH À TCHEKHOV

Saint-Pétersbourg, 25 mars 1886.

« Très honoré Anton Pavlovitch !

« Il y a à peu près un an, j'ai lu par hasard votre conte dans *la Gazette de Pétersbourg*; je ne me souviens plus de son titre à présent; je me rappelle seulement que j'ai été frappé par des traits d'une originalité toute particulière et, surtout, par une remarquable exactitude, par la vérité dans la description des personnages et de la nature.

« Dès ce jour, je lus tout ce qui était signé Tchékhonté, quoique intérieurement je m'irritasse contre un homme qui s'estimait assez peu pour croire que l'usage d'un pseudonyme lui était nécessaire. Vous ayant lu, je conseillai sans cesse à Souvorine et à Bourénine de suivre mon exemple. Ils m'ont écouté et, maintenant, ainsi que moi, ils ne doutent pas de votre véritable talent — un talent qui vous met au premier rang des écrivains de la nouvelle génération. Je ne suis pas un journaliste, ni un éditeur; je ne puis me servir de vous qu'en vous lisant; si je parle de votre talent, j'en parle avec conviction; j'ai soixante-cinq ans passés, mais j'ai gardé encore tant d'amour pour la littérature ; ses succès me sont si chers ; je me réjouis toujours tellement lorsque je rencontre en elle quelque chose de vivant, de doué, que je n'ai pu — comme vous le voyez — me retenir, et je vous tends les deux mains. Mais ce n'est pas encore tout ; voici ce que je veux ajouter : par les qualités diverses de votre indubitable talent, par la vérité de l'analyse intérieure, par la maîtrise dans les descriptions (la tempête de neige, la nuit, le décor d'*Agathe*, etc.), par le sentiment esthétique, lorsqu'en quelques lignes apparaît l'image parfaite d'un nuage sur le couchant qui s'éteint «comme des charbons qui se consument» etc., vous êtes, j'en suis sûr, appelé à écrire quelques œuvres admirables, réellement artistiques. Vous vous rendez coupable d'un grand péché moral si vous ne répondez pas à ces espérances. Voici ce qu'il faut pour cela : respecter le talent que l'on reçoit si rarement en partage. Cesser tout travail hâtif. Je ne connais pas votre situation de fortune ; si vous êtes pauvre, souffrez plutôt la faim, comme nous en avons souffert autrefois, gardez vos impressions pour une œuvre réfléchie, achevée, écrite non d'un seul jet, mais pendant les heures bienheureuses de l'inspiration. Un seul ouvrage fait ainsi sera cent fois plus apprécié que des centaines de beaux contes qui parsèment les journaux ; d'un seul coup, vous obtiendrez le prix ; vous serez remarqué par les gens raffinés et, ensuite, par tout le public qui lit.

«Ces jours-ci, m'a-t-on dit, vos récits paraissent en volume ; si c'est sous le pseudonyme de Tchékhonté, je vous prie instamment de télégraphier à l'éditeur pour qu'il le publie sous votre véritable nom. Après vos derniers contes dans *le Novoïé Vrémia*, après le succès du *Piqueur*, ce nom sera bien accueilli.

«Grigorovitch.»

LETTRE DE TCHEKHOV À GRIGOROVITCH

Moscou, 31 mars 1886.

« Votre lettre... m'a frappé comme la foudre. J'ai failli pleurer, j'ai été ému et je sens maintenant qu'elle a laissé une trace profonde dans mon âme. Comme vous avez souri à mes jeunes années, que Dieu apaise votre vieillesse. Moi, je ne trouverai ni mots, ni actes pour témoigner ma gratitude. Vous savez de quels yeux les gens ordinaires regardent les élus semblables à vous ; vous pouvez donc vous rendre compte de ce que votre lettre signifie pour mon amour-propre. Cette lettre vaut plus que tout diplôme et, pour un écrivain débutant, ce sont des honoraires pour le présent et pour l'avenir. Je suis comme ensorcelé. Je ne suis pas en état de juger si cette haute récompense est méritée ou non par moi. Je vous le répète : elle m'a frappé.

« S'il est en moi un don qu'il faut respecter, alors, je le confesse à la pureté de votre cœur, je ne l'ai pas respecté jusqu'ici. Je sentais que ce don était en moi, mais je m'étais accoutumé à le croire insignifiant. Pour être injuste, méfiant à l'excès et soupçonneux envers soi-même, il suffit à l'homme de raisons purement extérieures. De telles raisons, comme je peux m'en souvenir, ne m'ont pas manqué. Mes proches n'ont jamais pris au sérieux mon travail d'écrivain et n'ont jamais cessé de me conseiller amicalement de ne pas échanger un métier véritable contre des gribouillages. J'ai à Moscou des centaines d'amis, et parmi eux des dizaines d'auteurs, et je ne peux pas me souvenir d'un seul qui m'ait lu, ou qui ait reconnu en moi un artiste. Il existe à Moscou ce qu'on appelle le « Cercle littéraire ». Des talents et des médiocrités de tous les âges et de toutes les espèces se réunissent une fois par semaine dans le salon d'un restaurant et bavardent. Si j'allais les trouver et si je leur lisais un tout petit bout de votre lettre, ils me riraient au nez. Durant mes cinq années de vagabondage dans les journaux, je me suis vite habitué à considérer mon travail avec dédain — et je me suis mis à écrire. Ceci est la première raison.

« La seconde — je suis médecin et je suis plongé dans ma médecine jusqu'au cou. Le proverbe des deux lièvres qu'on ne peut courir à la fois n'a empêché personne de dormir autant que moi.

« Je vous écris ceci pour me libérer par ce moyen, si peu que ce soit, de mon grand péché. Jusqu'ici j'ai traité mon travail littéraire avec une extrême légèreté, avec négligence. Je ne me souviens pas d'un seul de mes récits sur lequel j'aie travaillé plus d'un jour, et ce *Piqueur* qui vous a plu, je l'ai écrit dans mon bain ! Comme les reporters griffonnent leurs comptes rendus, de même j'ai écrit mes contes : machinalement, dans une demi-inconscience, ne me souciant nullement ni du lecteur ni de moi-même... J'écrivais et je m'efforçais de ne pas dépenser dans mes récits des images et des tableaux qui me sont chers, que je gardais, Dieu sait pourquoi, en moi-même, et que je cachais avec soin.

« Ce qui, en premier lieu, m'a poussé à la critique de mes œuvres, ce fut une lettre très aimable et, autant que j'en puisse juger, sincère de Souvorine. J'étais sur le point d'écrire quelque chose de convenable, mais, néanmoins, je ne croyais pas à la réalité de mon talent.

« Mais voici que, tout à coup, arrive votre lettre. Pardonnez-moi la comparaison : elle a agi sur moi comme un ordre du gouvernement « de quitter cette ville dans les vingt-quatre heures ! » C'est-à-dire, j'ai tout à coup senti la nécessité absolue de me hâter, de sortir au plus vite de ce lieu où je m'enlise...

« Je me libérerai du travail hâtif, mais ce ne sera pas tout de suite. Il m'est impossible de sortir de l'ornière où je me trouve. Je ne refuse pas de souffrir de la faim, comme j'en ai déjà souffert, mais il ne s'agit pas de moi... J'abandonne à la littérature mon loisir, deux ou trois heures par jour, et un peu de la nuit, c'est-à-dire un temps qui ne convient qu'à de minces travaux.

« L'été, quand j'aurai plus de temps libre et moins de dépenses, je travaillerai sérieusement.

« Signer mon livre de mon véritable nom est impossible, parce qu'il est trop tard : la vignette est prête et le livre imprimé. Beaucoup de Pétersbourgeois avant vous m'ont conseillé de ne pas gâcher ce volume par l'emploi d'un pseudonyme, mais je ne les ai pas écoutés, sans doute par amour-propre. Mon livre me déplaît. C'est une vinaigrette, un amas désordonné de petits essais d'étudiant, déplumés par la censure et par les rédacteurs des journaux humoristiques ! Je crois que, l'ayant lu, bien des gens seront déçus. Si j'avais su qu'on me lisait et que vous me suiviez, je n'eusse pas laissé éditer ce livre.

« Tout l'espoir est dans l'avenir. Je n'ai que vingt-six ans. Peut-être arriverai-je à faire quelque chose, quoique le temps passe vite.

« Pardonnez-moi cette longue lettre et ne blâmez pas un homme qui, pour la première fois de sa vie, a osé s'accorder à lui-même un aussi grand plaisir qu'une lettre à Grigorovitch. »

XVII

Quelques semaines auparavant, le directeur du *Novoïe Vremia*, Souvorine, s'était adressé à Tchekhov pour lui demander des contes. Ce n'était pas encore la gloire, mais son premier rayon. Le *Novoïe Vremia* était le plus grand journal de Saint-Pétersbourg. Certes, Anton avait été flatté et heureux, mais cela ne pouvait se comparer aux sentiments qu'il éprouvait en lisant la lettre de Grigorovitch. Modeste comme il était, ses aînés en littérature ne lui inspiraient pas d'envie, mais un immense respect, quoiqu'il eût l'esprit critique vif et fin. Mais, s'il était prêt à juger sévèrement les œuvres, il estimait volontiers les hommes. Il trouvait émouvant ce salut adressé à lui, jeune inconnu, par un vétéran de la carrière. Mais la lettre, de Grigorovitch fit mieux que le toucher ou lui plaire, ou lui aplanir les premiers pas : elle le révéla à lui-même.

Qu'avait-il été jusqu'ici ? Un enfant plein de bonne volonté, naïvement heureux de travailler, de faire de son mieux et de gagner un peu d'argent. Elle est de 1885, cette lettre charmante où, à son vieil oncle Mitrofane, de Taganrog, Anton décrit avec satisfaction les brillants résultats sociaux et matériels obtenus par la famille Tchekhov (il ne faut pas oublier que Mitrofane était le parent riche de la famille, qu'on s'était souvent adressé à lui dans le besoin et que son neveu n'était pas fâché de se faire valoir) :

Moscou, le 31 janvier 1885.

« ... Ma médecine va tout doucement. Je soigne et je guéris... Je n'ai pas encore de fortune, naturellement, et je ne l'aurai pas de sitôt, mais je vis d'une manière supportable, et je n'ai besoin de rien. Si seulement je demeure vivant et en bonne santé, la situation de la famille est *assurée.* J'ai acheté de nouveaux meubles, un bon piano, j'ai deux servantes et je donne de petites soirées musicales où l'on chante et l'on joue... Il y a quelque temps, nous prenions nos provisions (la viande et l'épicerie) à crédit ; maintenant, j'ai mis bon ordre à cela et nous payons comptant. »

Et voici que tout changeait. Il ne suffisait pas d'être honnête, courageux, laborieux : le fardeau du talent s'était abattu sur les épaules d'Anton et, sans doute, l'avait-il porté dès l'enfance, mais, pour la première fois, il en avait conscience. Ce petit livre de lui, qui allait paraître, ses *Récits bigarrés,* ce n'était pas simplement un divertissement et un gagne-pain, mais une responsabilité grave et lourde qu'il assumait à l'égard du public, de la critique, de lui-même enfin. Il s'était endormi écrivain obscur et il s'éveillait célèbre. Était-ce concevable ? Et il ne pouvait s'empêcher de trouver comique et amère la disproportion entre cette célébrité, l'envie de ses confrères, l'admiration des lecteurs et la réalité quotidienne, car : « J'ai quatre roubles dans la poche, et c'est tout... J'ai eu de nouveau une hémorragie. » (*Lettre de Tchekhov à son ami Bilibine, Moscou, 4 mars 1886.*)

Mais cela n'était rien. Jusqu'ici, il avait été libre. Il écrivait ce qu'il voulait, comme il voulait. Désormais, on attendait de lui une attitude. La Russie n'avait pas assez de maîtres ? Il lui en fallait encore un. De nouveau l'immense contrée malléable et sauvage souhaitait qu'on lui enseignât comment vivre, comment penser. Et tous ces partis politiques auxquels un débutant devait se soumettre ? Il fallait se diriger vers la droite ou vers la gauche, être réactionnaire ou libéral. Le premier pas engageait tout l'avenir. Déjà on le blâmait d'appartenir à Souvorine (le *Novoïe Vremia* était honni par les gens de gauche ; comment pouvait-on écrire dans ce journal, approuvé par le gouvernement et lu parfois par le tsar ?). Ces exigences étaient odieuses, pensait Anton, et dégradantes. Oui, la lettre de Grigorovitch lui avait appris à lire en lui-même, en son propre cœur. Il n'avait jamais su, jusqu'ici, à quel point toute violence lui répugnait, d'où qu'elle vînt. Dès l'enfance, il avait désiré sauvegarder sa liberté intérieure, sa dignité ; il y avait réussi, malgré les coups, la misère, le travail abrutissant. Cette chance heureuse qui lui était échue d'une manière si étrange, si inattendue, est-ce qu'elle allait l'asservir ? Non, jamais !

Et, cependant, il fallait répondre aux espoirs qu'on mettait en lui. Que souhaitait-on maintenant ? Qu'il fût sérieux, qu'il écrivît de longs et graves récits, que chaque ligne fût une leçon.

À la hâte, il remaniait ses contes. Sans presque s'en apercevoir, certainement sans y songer, il avait écrit déjà quelques-uns de ses chefs-d'œuvre (*la Fille d'Albion*, 1883, *la Sorcière*, 1886, *le Piqueur*, 1886). La nouvelle, pour être réussie, exige les qualités que Tchekhov possédait de naissance. — Le don de l'humour : un long roman tragique donne une impression de fatalité grandiose ; un court récit où la tristesse est trop lourde et noire accable et répugne. — La pudeur : le romancier peut (et doit parfois) parler de lui-même ; pour un auteur de nouvelles, c'est impossible : le temps lui est mesuré ; l'écrivain ne peut alors se dévoiler dans sa complexité, dans sa richesse ; le plus sage pour lui est de se tenir à l'écart. — L'économie des moyens, enfin, résultat direct, sans doute, de la pudeur. Ici, il avait été servi par son expérience de reporter : voir et écrire vite, c'était la loi du journalisme, et elle avait aiguisé la vision de Tchekhov ; elle avait doué son esprit d'une agilité qui tenait du prodige. Déjà, dans ses récits, perçait cette apparente froideur, ce détachement qu'on devait lui reprocher plus tard. C'était encore la loi du genre. Un auteur de nouvelles, s'il montre sa pitié pour ses personnages, risque de devenir sentimental et absurde. Peut-être aussi n'a-t-il pas le loisir de s'attacher à ceux qu'il décrit. Par un roman, on pénètre dans un milieu déterminé ; on s'en imprègne ; on le chérit ou on le hait. Mais une nouvelle, c'est une porte entr'ouverte un instant sur une maison inconnue et refermée aussitôt. On ne peut s'empêcher de songer à Tchekhov médecin ; c'est une expérience de médecin qu'il nous donne, plus l'expérience du journaliste : des diagnostics précis, sans faiblesse, sans pitié morbide, mais avec une sympathie profonde.

Tchekhov corrigeait ses épreuves, relisait ses nouvelles comme celles d'un étranger. La plupart d'entre elles avaient été écrites très rapidement, parfois avec négligence et dédain. Un étrange et profond travail se faisait en lui. Il marchait à rebours du chemin ordinaire pour un écrivain et peut-être pour la plupart des hommes. Au lieu d'aller de lui-même à autrui, c'était du monde extérieur qu'il partait pour aboutir à lui-même. Qui était-il, lui, Tchekhov ? Plus tard, ses critiques et ses biographes diraient de lui qu'entre les années 1886 et 1889 il changea, devint un autre homme et un autre écrivain. En réalité, il n'avait pas changé ; il n'avait fait que se connaître. Cette connaissance de soi-même, cette suprême science avait sur l'âme l'effet ordinaire de toutes les sciences : elle le rendait plus calme et plus triste. Extérieurement, il demeurait le même. Pour sa famille et ses amis, il était toujours le gai, le charmant, le simple, le gentil Antocha, si serviable, si heureux de voir du monde autour de soi, d'obliger ses frères, de courtiser les jeunes filles. Intérieurement, « ce n'est pas un bonheur extraordinaire que d'être un grand écrivain. Premièrement, la vie est maussade. On travaille du matin jusqu'au soir, avec peu de résultats. Je ne sais pas comment vivent Zola et Stchédrine, mais, chez moi, il y a de la fumée, et il fait froid... » (*Lettre à M. Kisselava, le 21 septembre 1886, Moscou.*)

« Tous vivent tristement. Lorsque je suis sérieux, il me semble que les gens qui craignent la mort ne sont pas logiques. Pour autant qu'il me soit possible de comprendre l'ordre des choses, la vie est uniquement faite d'horreurs, de soucis et de médiocrités, se chevauchant et se suivant... » (*Lettre à la même, le 29 septembre 1886, Moscou.*)

Cependant, les petits côtés de la gloire n'étaient pas sans charme. On commençait, disait Tchekhov, à le montrer du doigt, à lui faire un peu la cour, et même à lui offrir des sandwiches. Et puis, il y avait la famille qui jouissait sans mesure du succès d'Antocha. Tchekhov éprouvait un plaisir certain à écrire à l'oncle Mitrofane de Taganrog : « ... Avant Noël est arrivé à Moscou un journaliste de Pétersbourg, et il m'a emmené à Pétersbourg avec lui. J'ai voyagé dans le rapide, en première classe, ce qui a coûté cher au journaliste. À Pétersbourg on m'a reçu de telle sorte qu'ensuite, pendant deux mois, la tête me tournait de la fumée des louanges. J'avais un logement magnifique là-bas, deux chevaux, une excellente nourriture et des billets gratis pour tous les théâtres. De ma vie je n'ai vécu aussi bien qu'à Pétersbourg. M'ayant complimenté, m'ayant reçu on ne peut mieux, on m'a donné encore trois cents roubles et on m'a réexpédié chez moi en première classe. »

XVIII

Un visage mince, beau, aux joues creuses, des cheveux épais, une barbe légère, à peine apparente encore,
le pli de la bouche sérieux et douloureux, un regard
extraordinaire, perçant, tendre et profond à la fois, un
air modeste, un air de jeune fille (Tolstoï disait de
Tchekhov, quelques années plus tard : « Il marche
comme une demoiselle »), tel était Anton Tchekhov
vers 1886, l'année où il devint célèbre. Il avait vingt-six
ans. Il vivait à une époque où cet âge était celui d'un
homme qui approche de la maturité. À trente ans,
dans la Russie du XIXe siècle, on était un homme parvenu au milieu de la vie ; à quarante ans, presque un
vieillard. Tchekhov ne se voyait pas en pleine jeunesse,
en pleine formation ; il se tournait déjà vers un passé.
Et ce passé lui inspirait du déplaisir, presque de la
honte :

« Un jeune homme, fils d'un serf, un petit boutiquier, élevé dans le respect des grades (du tchin), du
baise-main des prêtres, dans l'idolâtrie de la pensée
d'autrui, reconnaissant pour chaque morceau de pain,
souvent fouetté..., tourmentant les animaux, aimant
dîner chez de riches parents... », voilà le portrait qu'il
trace de lui-même quelques années plus tard, portrait
sévère et injuste, sans doute, mais ce qui reste vrai,
c'est son désir de perfectionnement, ce lent travail

continu qu'il accomplit sur son esprit, sur son œuvre,
sur son âme et qui se poursuivit sans relâche jusqu'à
sa mort. Malgré le désir de ses lecteurs et de la critique, l'œuvre de Tchekhov n'enseigne rien. Jamais il
ne put dire avec sincérité, comme le faisait Tolstoï :
« Agissez ainsi et non autrement. » Parfois, il a essayé
de s'exprimer de cette façon, comme son entourage
l'en pressait ; mais ses paroles sonnaient faux. En
revanche, ses lettres, sa vie dressent devant nous
l'image admirable d'un homme qui, né juste, délicat
et bon, s'efforça sans cesse de devenir meilleur, plus
tendre, plus secourable encore, plus aimant, plus
patient, plus subtil. Peu à peu, cela aboutissait même
à un singulier résultat : plus il témoignait à autrui sa
sympathie, moins il l'éprouvait au fond de son cœur.
Tous ceux qui ont connu intimement Tchekhov parlent d'une certaine froideur qui était en lui comme un
cristal inaltérable. « Sa première impression était presque toujours empoisonnée par une sorte de dégoût,
de froideur et d'inimitié. » Kouprine écrit de lui : « Il
pouvait être bon et généreux sans aimer, tendre et
attentif sans attachement. Dès que Tchekhov faisait la
connaissance de quelqu'un, il l'invitait chez lui, lui
offrait à dîner, lui rendait service, et ensuite, dans une
lettre, il décrivait cela avec un sentiment de froide lassitude. »
Était-il peu capable d'aimer parce qu'il était trop
intelligent et lucide ? Était-ce, dans son cœur et dans
sa vie, un désaccord qui le contraignait à donner trop
de lui-même à des indifférents pour, ensuite, et hâti-
vement, se reprendre ? Cachait-il simplement, avec
une pudeur douloureuse, ses véritables pensées ? Bounine, un des critiques les plus pénétrants et les plus
fins, a prononcé sans doute des paroles définitives au
sujet de Tchekhov : « Ce qui se passait dans les pro-

fondeurs de son âme, personne parmi ceux qui lui étaient les plus proches ne le sut jamais dans sa plénitude. »

Et Tchekhov lui-même, dans un carnet intime, note : « Comme je serai couché seul dans la tombe, ainsi, au fond, je vis seul. » Seul... Il avait, pourtant, une nombreuse famille, beaucoup d'amis et de lecteurs. À partir de cette année 1886, il fut entouré d'un cercle de plus en plus brillant d'admirateurs. Tchaïkovski, Grigorovitch, Korolenko, d'autres encore... les noms les plus connus, les hommes les plus intelligents visitaient la maison de Moscou, où habitait la famille Tchekhov. C'était un pavillon à deux étages, « qui ressemblait à une commode », une demeure toujours ouverte à deux battants, comme un moulin, à la mode russe. « Anton aime le monde », disaient les parents. « Anton ne se plaît que dans le bruit, les conversations, les rires », affirmaient les frères. Peut-être était-ce vrai ? « Il me faut du monde autour de moi, avouait-il, parce que seul, je ne sais pourquoi, j'ai peur. »

Sa famille se chargeait d'entretenir auprès de lui cette chaleur humaine et ce bruit, que l'on estimait nécessaire à la bonne humeur d'Anton. Sa famille était composée de gens charmants : il y avait bien le père, grossier, ignorant et brutal, la mère qui n'avait pas perdu l'habitude de pleurer à toutes occasions, le frère aîné, Alexandre, qui demandait sans cesse de l'argent et importunait les siens de ses plaintes, Nicolas, qui menait une existence dégradante, Marie, dont l'amour pour Anton était indiscret, tatillon, compliqué et hystérique, mais, en somme, c'étaient des gens charmants. Personne ne se gênait pour les autres. Qui voulait chanter, chantait. Qui voulait s'épancher en longues confidences, le faisait. Ils ne respectaient pas davantage le travail de l'artiste célèbre que celui de l'étudiant obscur, quelques années auparavant.

Et Tchekhov continuait à demander : « Par grâce, vingt-cinq roubles d'avance », et à écrire.

Pour la première fois de sa vie, si on néglige les longs récits de sa jeunesse, fabriqués en hâte et avec maladresse, il abandonnait la forme de la courte nouvelle et se rapprochait davantage de celle du roman. De 1887-1888 date *la Steppe.*

Il la composa en tremblant, gêné par l'idée que l'on avait les yeux fixés sur lui :

« La pensée que j'écris pour un gros journal (*la Steppe* était destinée au *Courrier du Nord*; ces revues littéraires avaient beaucoup de prestige en Russie auprès des lecteurs et des auteurs) et que l'on regardera plus sérieusement qu'il ne faut mes sornettes, me pousse par le coude comme le diable fit au moine. J'écris un récit de la steppe. J'écris, mais je sens qu'il n'exhale pas l'odeur du foin. » (*Lettre à Stchéglov, 1er janvier 1887, Moscou.*)

Il lui était difficile également de « faire long ». Pendant des années il avait été hanté par les exigences de la nouvelle : la brièveté, la légèreté à tout prix. Malgré lui, il composait *la Steppe* d'une multitude de nouvelles. Chaque page en était une, et accomplie. Le récit tout entier paraissait fait de pièces et de morceaux. Mais il avait eu la grande sagesse de choisir un sujet très simple, qui ne comportait pas d'intrigue, dont le personnage principal était un enfant : la vision d'un enfant est fragmentaire et rapide ; il saisit au vol les sensations, les unes après les autres ; il ne les rattache pas à une pensée directrice. Et ainsi *la Steppe* sauvegardait son unité et sa vérité.

Le héros en est un petit garçon, Egorouchka qui n'a jamais quitté son village, un hameau perdu dans la Russie méridionale. Il va avoir neuf ans ; il est en âge d'entrer au collège. Il part pour la ville, un grand port (Taganrog). Pour y arriver, c'est une randonnée qui dure des jours et des nuits à travers la steppe. Ainsi, Anton Tchekhov, enfant, se rendait-il de Taganrog chez son grand-père. Ainsi, plus tard, adolescent, parcourait-il la plaine à pied, à cheval, en char à bœufs, avec des camarades, des paysans, des marchands, des pèlerins. Egorouchka voit l'orage se lever ; il a peur ; il est fatigué ; il a froid ; il couche pour la première fois de sa vie dans l'herbe ; il est heureux, il est curieux de tout ; il écoute les conversations de ses compagnons de voyage ; il comprend à demi ; il rêve. C'est un enfant sage, réfléchi, un peu triste. Jamais Tchekhov n'en peindra d'autres. Tous les enfants qu'il décrit sont renfermés et mélancoliques. Egorouchka tombe malade, la nuit, dans une auberge, comme Anton autrefois. « Les paysans ukrainiens, les bœufs, les vautours, les cabanes blanches, les petites rivières du Sud », tout ce qu'Anton a connu et aimé se retrouve dans ce récit.

C'est un grand bienfait pour un écrivain dont l'enfance a été malheureuse de faire jaillir cette source de poésie de son passé. L'année où il écrivit *la Steppe*, Tchekhov visita Taganrog. Il n'y était pas retourné depuis sept ans. « C'est si dégoûtant que Moscou elle-même, avec sa boue et ses typhoïdes, paraît sympathique » (*lettre à sa sœur, 1887*). Mais la steppe !... « Les collines hâlées, brunes et vertes, au loin lilas... cela sent la steppe. Je vois mes vieux amis, les vautours. » Gorki dira plus tard de ce récit qu'il semblait brodé de perles fines à chaque page. Il eut du succès.

Mais le hasard avait toujours soin de mêler dans la vie de Tchekhov le fiel au miel. Au moment même où *la Steppe* paraissait, le premier drame de Tchekhov, *Ivanov*, connaissait à Moscou le plus retentissant, le plus immérité des échecs.

XIX

Le directeur du théâtre Korch, à Moscou, avait commandé à Tchekhov une pièce qu'il espérait comique. (Dans le grand public, le nom de Tchekhov signifiait avant tout un auteur de récits drôles ; on ne s'était pas encore habitué à ce ton tendre et sérieux, qui devint le sien après les années 1888-1889.) Mais Tchekhov écrivit *Ivanov*, c'est-à-dire tout autre chose. « Les dramaturges contemporains, disait-il, farcissent leurs pièces uniquement d'anges, de monstres et de bouffons. J'ai donc voulu être original. Je n'ai pas créé un seul brigand, ni un seul ange... Je n'ai accusé personne, je n'ai acquitté personne... »

La manie moralisatrice et didactique, en Russie, n'avait pas épargné le théâtre. On voulait applaudir des personnages bons, dévoués, énergiques, honnêtes. Le bourgeois russe trouvait une extrême satisfaction à écouter les nobles discours sur la liberté, la dignité humaine, le bonheur du peuple. Il était quitte alors envers sa conscience ; il pouvait continuer à vivre comme il le voulait, dans la paresse, l'indifférence égoïste et les profits mesquins. Il s'imaginait aussi fronder les autorités, vexer le gouvernement, et il en retirait beaucoup d'innocents plaisirs. Le public des théâtres n'a jamais aimé la vérité, et c'était la vérité que le jeune Tchekhov entreprenait de lui montrer.

Ivanov a fait un mariage malheureux : il a épousé une femme qui n'est ni de sa race ni de son monde. Il a voulu être un héros et se battre à un contre cent. Il s'est efforcé d'être plus généreux, plus honnête, moins égoïste que ne le permettait sa nature d'homme faible, à l'âme médiocre. Cinq ans ont passé. Il n'aime plus sa femme ; elle est poitrinaire ; elle va mourir ; en l'apprenant, il ne ressent « ni amour, ni pitié, mais une sorte de vide, de fatigue ». Il l'abandonne, la trompe, l'insulte. Il est responsable de la mort de la malheureuse Sarah. On le déteste, on le méprise, et lui, pourtant, n'est pas un méchant homme ; il est sincère. Il fait le malheur d'autrui et le sien, mais... « s'il est coupable, il ne sait pourquoi », « des gens comme Ivanov ne peuvent pas résoudre des problèmes, mais ils succombent sous leur poids... »

Depuis la publication des lettres d'Alexandre Tchekhov à son frère Anton, on ne peut s'empêcher de penser que le personnage d'Ivanov ressemble un peu à cet Alexandre, dont la carrière étrange et tourmentée nous est retracée dans sa correspondance. Alexandre avait été un garçon brillant, intelligent. Il est hors de doute que, dans son extrême jeunesse, il jouissait d'un grand prestige aux yeux d'Anton. Il avait du cœur et de l'esprit. Et qu'était-il devenu ? Il avait commencé sa vie par une liaison absurde. Il était impossible de rêver un intérieur plus désordonné et plus triste que le sien. Alexandre n'avait pas un sou ; il se trouva chargé de famille ; il devait nourrir ses propres enfants et le fils de sa femme, d'un premier lit. Il se maria deux fois. Les deux fois, ni l'amour ni la raison n'avaient de place dans ces unions, mais un curieux sentiment, où se mêlaient la générosité, l'illusion et la faiblesse de caractère. Les deux fois, il fut un mari odieux, ivrogne, perdu de dettes. Les malheureuses créatures « sauvées » par lui, il ne pouvait les souffrir. Et pourtant, Alexandre était à plaindre. Anton le jugeait sévèrement et le plaignait malgré lui. Dans le célèbre monologue d'Ivanov (« n'épousez ni des Juives, ni des folles, ni des bas bleus... ne vous mettez pas en guerre, seul, contre des milliers, ne vous battez pas contre des moulins à vent, ne vous frappez pas la tête contre les murs »), on retrouve un écho des conseils d'Anton à son frère, conseils de modération, de prudence, de maîtrise de soi, d'harmonie.

Mais ce qui faisait la signification d'Ivanov, c'est que ce héros avait en lui beaucoup de traits de sa race et de son temps. Ses défauts, son malheur étaient russes. « La combativité russe a une qualité spécifique : elle se change vite en fatigue. L'homme, plein d'ardeur, à peine sorti des bancs de l'école, veut soulever un fardeau qui est au-dessus de ses forces... Mais à peine a-t-il atteint trente, trente-cinq ans qu'il commence à ressentir la fatigue et l'ennui... » (*Lettre à Souvorine, 30 décembre 1888.*)

Certes, il pensait à Alexandre ; il pensait aussi à Nicolas qui avait, lui, un talent véritable et qui l'avait détruit par une existence absurde (Nicolas vivait avec une prostituée, buvait, lui aussi, et mourut de tuberculose). Sur la scène, Ivanov se tue. Dans la vie, Nicolas meurt à trente et un ans. Alexandre survit ; il devient un petit employé chez Souvorine, se range, mais ne connaît jamais le bonheur. Sa déchéance morale, l'extraordinaire mesquinerie de ses intérêts, ses échecs de toute sorte, son aigreur, son mécontentement sont plus tragiques, peut-être, qu'une mort prématurée. Et beaucoup de ceux qui écoutaient Ivanov devaient se reconnaître en lui (n'oublions pas qu'en appelant son héros du nom de famille le plus répandu en Russie, comme Durand en France, Tchekhov entendait bien attirer l'attention sur son caractère universel).

Naturellement, le public réagit avec vigueur. Ce fut plus — ou moins — qu'un échec ; ce fut un scandale. La famille de Tchekhov, dans une baignoire, attendait en tremblant. L'auteur lui-même, dans les coulisses, se dissimulait au fond d'une petite loge, semblable à la cellule d'un prisonnier. Les acteurs jouaient mal : ils n'avaient répété la pièce que quatre fois. La sœur d'Anton s'évanouit à moitié. « J'étais calme », dit Tchekhov. Cette froideur devait ressembler à celle d'un homme pris dans une catastrophe de chemin de fer, qui n'a pas été blessé, et qui continue à regarder ce qui se passe autour de lui et à se mouvoir machinalement. Les acteurs, émus, derrière le rideau baissé, se signaient, et leurs lèvres grimées murmuraient d'inutiles encouragements et les derniers — les vains conseils.

Les trois premiers actes furent bien accueillis. Mais ensuite ! Le souffleur lui-même, en trente-deux ans d'expérience théâtrale, n'avait rien vu de semblable. « On criait, on hurlait, on applaudissait, on sifflait. Au buffet, ce fut tout juste si on n'en vint pas aux mains ; aux dernières galeries, les étudiants voulaient jeter quelqu'un en bas, et la police en mit deux dehors. » (*Lettre à Alexandre, Moscou, 24 novembre 1887.*)

Cette dernière circonstance consola un peu l'auteur, mais s'il avait gardé quelques illusions sur le succès de sa pièce, la lecture des journaux, le lendemain, le détrompa : « On n'avait jamais attendu de M. Tchekhov grand'chose de bien, mais jamais on ne se serait douté qu'un homme jeune, avec une éducation universitaire (*sic*), eût l'audace de présenter au public quelque chose d'aussi insolemment cynique. » « Que cette pièce était immorale ! Que le public était donc mou,

indifférent, qui pouvait se résoudre à écouter tranquillement ces sornettes !»

La critique s'était toujours montrée dure pour Tchekhov. Dès le début de sa carrière, on avait prophétisé
qu'il mourrait un jour ivre, sous un porche, ce qui
l'affligea. Ce qu'on disait d'*Ivanov* lui était désagréable,
mais le touchait moins que les attaques précédentes ;
après tout, son travail était d'écrire des contes ; il
n'avait rien à faire avec le théâtre.

D'autres récits suivirent donc, tous bien accueillis,
les Feux, l'Anniversaire, la Crise, etc. En 1888, un prix
littéraire lui fut accordé (la moitié du prix Pouchkine).
Il commençait à occuper une grande place dans la vie
littéraire de son temps. Ses nouvelles avaient un accent
plus sérieux que celles de sa jeunesse. Tous ses amis
l'en félicitaient. Enfin, enfin, il avait compris à quel
point est important le rôle de l'écrivain, quelle est sa
mission, combien dans un pays comme la Russie, avec
son destin tragique, tout ce que l'on crée est gros de
conséquences. Il subissait l'influence de Tosltoï ? Tant
mieux. Il ne se permettait presque plus le rire dans ses
œuvres ? Que cela était bien ! Au point de vue du succès littéraire, il valait bien mieux pleurer que rire. Mais
il y avait une extraordinaire liberté intérieure en Tchekhov, quelque chose de subtil, d'évasif, de contradic-
toire et de vivant, que jamais personne ne réussit à
soumettre. Lui-même en avait conscience : « Il me
semble toujours que je trompe le gens, disait-il, avec
mon visage trop gai ou trop grave. »

Le serviable Tchekhov, qui se mettait en quatre
pour ses amis et, *in petto,* les envoyait au diable, le
Tchekhov au caractère franc et ouvert, qui réussit à
garder secret et à détruire un roman longuement
caressé, composé avec amour, sans que personne
jamais n'en lût une ligne, le timide, le modeste Tche-

khov que toute la Russie suppliait d'être sérieux, écoutait les avis, se taisait et écrivait un vaudeville : *l'Ours*. (« S'ils savaient que j'écris un vaudeville, quel anathème ! »)

Et tandis qu'*Ivanov*, le drame, tombait à grands fracas, le vaudeville réussit sur la scène de ce même théâtre Korch. Matériellement, son succès fut tel que Tchekhov, pour la première fois de sa vie, connut quelques mois, presque une année de répit, sans soucis d'argent.

XX

Un peu plus tard, on lui demande *Ivanov* pour le monter à Pétersbourg et, par un inexplicable revirement du public, la pièce, qui était tombée à plat l'année précédente, fut accueillie avec une extrême faveur.

17 février 1889 : « Mon *Ivanov* continue à avoir un succès colossal, phénoménal. À Pétersbourg, il y a maintenant deux héros du jour : la *Phryné* de Sémigradsky, toute nue, et moi, habillé. »

Le succès théâtral avait quelque chose de grisant. Tchekhov commençait à aimer l'atmosphère des coulisses. La nuit de Pâques, il la passa tout entière avec les acteurs ivres. Il but lui-même. Il note quelques jours plus tard (*5 mars 1889*) qu'il a été chez les tziganes et, semble-t-il, pour la première fois de sa vie, ce qui est assez étonnant. « Elles chantent bien, ces bêtes sauvages... Leur chant ressemble au fracas d'un train tombant du haut d'une colline, pendant une forte tempête... »

Au commencement de l'été, toute la famille, comme autrefois, partit pour la campagne. Tchekhov se séparait rarement des siens. Il était habitué à eux ainsi qu'à une bosse sur le front, disait-il, ou à un bagage. Mais le bagage revenait cher. Il fallait écrire et

E.-JA. TCHEKHOV

P.-E. TCHEKHOV

LA FAMILLE DE A.-P. TCHEKHOV A MOSCOU
dans le jardin de la maison de Korneev.
(Tchekhov est au centre en blanc).

ANTON TCHEKHOV
(Extrait des *"Œuvres complètes". Édition russe).*

TCHEKHOV CHEZ LUI
dans sa villa, à Yalta en 1899.

TCHEKHOV ET SA FEMME
à Yalta en 1902.

ANTON TCHECKHOV
(d'après un dessin de Panov.)

O.-L. KNIPPER
dans le rôle de "Macha" *(les Trois Sœurs, de A. Tchekhov).*
(Théatre d'Art de Moscou.)

PORTRAIT DE L'AUTEUR
par lui-même.

ANTON TCHECKHOV
en 1904.

écrire pour nourrir tout ce monde. Cependant, Souvorine disait à Alexandre :

« Pourquoi votre frère écrit-il tant ? C'est très nuisible. »

Et le vieux Grigorovitch, aux longs cheveux blancs,
à la moustache et à la barbe d'argent, avec son air innocent et joyeux, pur et élevé de vieil enfant (les intellec-
tuels âgés se paraient volontiers de cette expression de
candeur), levait les bras au ciel : « Défendez-lui d'écrire
autant ! C'est pour gagner de l'argent ? Autrefois, nous
n'écrivions pas pour de l'argent ! »
    Charmant Grigorovitch ! Tchekhov l'aimait bien, le
vénérait moins que jadis. Il souriait, laissait dire.
« Papa et maman ont besoin de manger. » Il traînait
avec résignation sa famille derrière lui. Trois étés de
suite, les Tchekhov avaient vécu à Babkino. Maintenant, il avait loué une petite maison en Ukraine —
cent roubles pour la saison. C'était un pavillon, bâti au
fond d'un parc abandonné, au bord d'une rivière large
et profonde. Les jours de fête, les paysans ukrainiens
descendaient le fleuve en barques et jouaient du violon. Les propriétaires habitaient la grande demeure. La
mère, une vieille femme aimable et cultivée, lisait
Schopenhauer et admirait Tchekhov. Sa fille aînée
était aveugle ; elle souffrait d'une tumeur au cerveau et
savait que sa mort était proche et certaine.
    « Je suis médecin, disait Tchekhov, et habitué à des
gens qui mourront bientôt ; cela m'a toujours paru
étrange, lorsque devant moi parlaient, souriaient ou
pleuraient des êtres dont la mort était près ; mais, ici,
quand je vois sur la terrasse l'aveugle qui rit, plaisante
ou écoute la lecture de mon livre, ce qui commence à
me paraître bizarre, ce n'est pas que cette femme va
mourir, mais c'est que nous ne sentons pas notre pro-

pre mort et que nous écrivons des livres, comme si nous ne devions jamais mourir. »

La seconde fille était timide, douce et tranquille. Toutes deux avaient fait leurs études de médecine. La troisième, jeune encore, était forte, hâlée et rieuse ; elle avait organisé une école sur ses terres et apprenait aux petits paysans ukrainiens les fables de Krylov. Il y avait encore deux garçons, dont l'un était pianiste de talent.

La noblesse terrienne, en Russie, au XIXe siècle, formait souvent des types dont l'esprit et les mœurs étaient extraordinairement purs et élevés : instruits, désintéressés, ils ne se trouvaient à l'aise que dans un climat austère et limpide ; ainsi, le montagnard ne respire bien que sur les grandes hauteurs. La musique, les lectures, les conversations substantielles et profondes, d'idéales amours, telle était leur vie. Ils aimaient la nature, l'art ; ils étaient hospitaliers, aimables, simples, pleins de bonne volonté. Autour d'eux se déchaînaient la misère, le vice et la corruption ; ils le déploraient ; ils en souffraient ; ils n'avaient pas la force de changer une parcelle du monde extérieur. Ils gémissaient et attendaient dans une douce paresse, dans une élégante résignation, dans de petits travaux dérisoires — une école ou un hôpital qu'on fondait, des gamins qu'on décrassait — des temps meilleurs. D'autres devaient venir... Pleins d'admirables intentions, vivant avec une grande dignité sur leurs domaines appauvris, il y avait en eux une pureté, une mélancolie et une faiblesse qui plaisaient à Tchekhov. Par-dessus tout, il aimait le décor de leurs existences : ces vastes jardins sauvages, ces allées de tilleuls, ces étangs, ces belles maisons seigneuriales aux lignes si simples et si nobles, les pièces blanches, presque nues, les sons du violon et du piano que l'on entendait, le soir, s'échapper des fenêtres ouvertes, les longues conversations sur le perron, au crépuscule. Tout cela était nouveau pour le citadin Tchekhov, émouvant pour le roturier qu'il était resté. Aussi bien que Tourguéniev, il a su décrire les nobles terriens, et, en de nombreuses pages de son œuvre, un accent presque prophétique résonne ; c'est une société à son déclin, des condamnés qu'il nous peint. Mais ce qui l'enchantait davantage encore, c'était la nature.

10 mai 1888, Soumy, gouvernement de Kharkov, propriété des Lintvarev :

« Quelque part, dans les herbes de la rivière, crie un mystérieux oiseau qu'il est difficile d'apercevoir et que l'on appelle ici « bougaï ». Il crie comme une vache enfermée à l'étable, comme la trompette qui réveille les morts... Les moustiques sont roux, très méchants ; des marais et des étangs souffle la fièvre... »

Mais :

« quelle merveilleuse musique on entendait dans le silence du soir, quelle profonde odeur de foin frais... La propriété des Smaguine (c'étaient des parents éloignés des Lintvarev) est ancienne, abandonnée et morte comme une toile d'araignée de l'an passé. La maison se tasse ; les portes ne se ferment pas ; par les interstices des planches apparaissent les jeunes pousses des cerisiers et des pruniers. Dans la chambre où j'ai dormi, entre la fenêtre et le volet, un rossignol avait bâti son nid... »

Il y avait beaucoup d'amitiés féminines dans la vie de Tchekhov, à cette époque. Ces femmes aimables et sérieuses l'admiraient et éprouvaient toutes pour lui une tendresse presque maternelle, et, en même temps,

pleine de coquetterie et d'agacement, car si Tchekhov,
écrivain, sauvegardait sa liberté intérieure, que dire de
Tchekhov, homme ? Il était si secret, si renfermé, si
pudique que les femmes, avec lui, se sentaient sur un
terrain mouvant et plein d'embûches. Tous ses héros
aiment à demi ou se défendent d'aimer, et Tchekhov
leur ressemblait un peu.

Le premier été passé en Ukraine fut tout entier
délicieux. Les lettres qu'il écrivit à ses amis cette
année-là sont ravissantes de grâce, de malice et d'une
gaîté légère et enfantine. Au commencement d'août,
il alla passer quelques jours chez les Souvorine, en
Crimée, voyagea sur la mer Noire et la mer Caspienne. Il était gai, heureux ; il jouissait naïvement de
son succès.

L'année 1889 fut assombrie dès son début par la
maladie de Nicolas. Depuis longtemps la santé de
Nicolas inspirait de l'inquiétude aux siens. Tchekhov
ne pouvait pas fermer les yeux à l'évidence : son frère
se mourait de tuberculose. Il payait maintenant le prix
d'une existence absurde : cette jeunesse sans feu, ni
toit, où il courait dans la neige en bottes percées, la
passion du vin, la liaison dégradante. « Les affaires du
peintre sont mauvaises. Les journées sont chaudes. Il
boit beaucoup de lait, mais la température est la
même ; le poids diminue chaque jour. La toux ne lui
laisse pas de repos. Il est couché dans sa chambre, sort
pour une demi-heure, dort souvent et délire dans son
sommeil. » (*4 juin 1889.*) La fin approchait. Tchekhov,
médecin, retrouvait en lui-même les symptômes alar-
mants du mal de Nicolas. Il avait eu une seconde
hémorragie, très forte, en 1886. « Chaque hiver,
automne et printemps, et chaque jour humide d'été, je
tousse. Mais cela me fait peur seulement lorsque je
vois du sang. » (*Lettre à Souvorine, 14 octobre 1888.*)

LA VIE DE TCHEKHOV

Pourtant, il ne daignait pas se soigner, changer de vie. Il regardait mourir Nicolas avec une profonde pitié. Il avait beaucoup aimé son frère et lui reconnaissait un grand talent. C'était ce talent perdu surtout qu'il regrettait.

Au mois de juin, Alexandre arriva et Tchekhov voulut en profiter pour prendre quelques jours de repos. Avec un ami, il désira retourner dans cette propriété des Smaguine, qui lui avait tant plu l'année précédente, et coucher de nouveau dans la chambre où le rossignol avait fait son nid, où poussaient sur le plancher les branches de cerisiers sauvages. Mais tout était différent maintenant... Au milieu du chemin, il commença à pleuvoir. Tchekhov et son compagnon arrivèrent chez les Smaguine « à la nuit, mouillés, transis ; nous nous sommes couchés dans des lits froids ; nous nous sommes endormis au bruit de la pluie froide. De toute ma vie je n'oublierai cette route boueuse, ce ciel gris, ces larmes sur les arbres. Au matin est arrivé un petit paysan qui nous a apporté une dépêche toute mouillée : Kolia est mort ».

On repartit aussitôt. À la ville, il fallut s'arrêter et attendre le train de sept heures du soir à deux heures du matin. Ne sachant que faire, Tchekhov alla vagabonder par les rues froides, sombres, désertes. Il entra au Jardin municipal ; il s'abrita contre un mur ; c'était celui d'un théâtre ; on entendait les acteurs jouer ; ils répétaient un mélodrame. Quelques semaines auparavant, il avait rêvé qu'il recevait une décoration (Stanislas de troisième classe) :

— C'est une croix qui t'attend, Antocha, avait dit sa mère.

Comme toutes les femmes du peuple, elle savait lire les cartes, interpréter les présages, deviner les songes :

— C'est une croix, une souffrance...

Le lendemain, il était de retour chez lui. L'enterrement l'apaisa un peu. Tout était si calme ; les frères et
les amis du pauvre Nicolas portèrent le cercueil
jusqu'au cimetière du village ; « la croix est visible de
très loin dans les champs. Il semble qu'il (Nicolas) soit
très confortablement couché là ».

XXI

Après la mort de Nicolas, Tchekhov n'a qu'une idée : fuir la famille et les souvenirs de deuil. Mais ils le poursuivent. Et, littérairement, il ne peut échapper à des préoccupations sombres, graves. Depuis quelques années, il subit avec force l'influence de Tolstoï. Il ne s'agit pas de Tolstoï écrivain, mais du doctrinaire, du pessimiste qui voyait la mort au fond de toutes choses, qui s'efforçait, avec une sincérité désespérée, de comprendre pourquoi il existait, qui enseignait l'oubli de soi et le dévouement total à l'humanité malheureuse. Dans une série d'œuvres : *les Braves Gens* et *En route* (1886), *le Mendiant* (1887), *la Rencontre* (1887), *la Banale Histoire* surtout, en 1889, cette influence est prédominante, singulière, et a le plus mauvais effet sur l'art de Tchekhov. Pour la première fois et la dernière fois de sa vie, il voit le monde avec un autre regard que le sien. *La Banale Histoire* ressemble à *la Mort d'Ivan Ilitch*, mais là où Tolstoï a pleinement atteint son but, Tchekhov a, en partie, manqué le sien. Ivan Ilitch est un homme ordinaire qui, un beau jour, se trouve face à face avec la mort. À sa lumière, il contemple les années écoulées et comprend leur inutilité et leur vide tragique. Sans amour, sans nobles pensées, également dépourvu de passions mauvaises et d'ardents désirs, il a cru vivre, il n'a pas vécu. Il est impossible de lire l'histoire d'Ivan Ilitch sans frémir d'horreur pour la condition humaine. Mais Tchekhov a voulu aller plus loin encore que Tolstoï. Son héros est un professeur célèbre, admiré. La vieillesse vient, et la maladie ; la mort approche. Tout ce qu'il chérissait lui paraît ennuyeux, faux, répugnant. Sa femme, sa fille, jadis tendrement aimées, n'éveillent plus en lui que froideur, que dégoût ; il a élevé une orpheline, Katia, qu'il préfère à tous les siens. Ce n'est pas tout à fait l'amour paternel ; ce n'est certainement pas l'amour tout court. Il voudrait faire le bonheur de cette enfant, l'aider à vivre, lui enseigner la vérité, et il en est incapable. Il a vécu sans but, sans dieu, sans désir réel de vivre, c'est le plus inutile des êtres humains. Malheureusement, il ne nous touche pas. Tolstoï aimait avec tant d'ardeur la vie, la chair, l'amour, qu'en voulant les maudire, il les bénissait. On plaint Ivan Ilitch parce qu'il a gaspillé la merveilleuse, l'unique aventure qu'est l'existence, mais le vieux professeur a toujours existé, semble-t-il, dans l'abstrait. Ce n'est pas un homme ; c'est une mécanique sans âme. Il va mourir ? Que nous importe ! voudrait-on dire : c'est tout ce qu'il mérite. Ivan Ilitch nous épouvante, nous attendrit, nous ressemble. Le professeur nous est étranger.

Oui, Tchekhov n'a rien gagné à imiter pendant quelques années le grand Tolstoï. Il est impossible d'imaginer deux natures plus différentes l'une de l'autre que ces écrivains. Tolstoï est pétri de passion, d'entêtement sublime ; Tchekhov est sceptique et détaché de tout. L'un brûle comme une flamme ; l'autre éclaire le monde extérieur d'une froide et douce lumière.

Le grand seigneur, Tosltoï, idéalisait les humbles ; le roturier, Tchekhov, avait trop souffert de la grossièreté, de la lâcheté de ces humbles pour ressentir envers

eux autre chose qu'une compassion lucide. Tolstoï
méprisait l'élégance, le luxe, la science, l'art. Tchekhov
aimait tout cela. Tolstoï haïssait les femmes et l'amour
charnel, parce que le renoncement était difficile à sa
nature passionnée, à son corps vigoureux. Tchekhov,
délicat, malade, ne comprenait pas l'importance du
péché, car ce péché, en somme, n'avait jamais engagé
sa nature profonde. Mais, sans doute, le précipice
entre eux, qui ne put être comblé, provenait du fait
que Tolstoï était croyant, et que Tchekhov ne l'était
pas. L'un avait une foi torturée ; l'autre, une incrédulité
calme. Tolstoï professait le désespoir, et Tchekhov
s'imaginait être optimiste, mais, en réalité, c'est Tchekhov qui avait raison lorsqu'il disait, quelques années
plus tard, en parlant du maître :

— Je ne crois pas qu'il ait été malheureux.

Tolstoï a connu un bonheur, que Tchekhov a sans
doute ignoré ; la plénitude lui fut toujours refusée.
Sans cesse il chercha quelque chose qui ne se trouve
pas sur cette terre ; il eut toujours peur de s'abandonner complètement à la joie et à la douleur. Tout autre
était Tolstoï ; son organisation puissante, son tempérament de fer décuplaient la souffrance, mais aussi la
jouissance. Mais ce que l'homme, Tolstoï, aimait,
l'écrivain le refusait à autrui ; il enseignait que l'homme
n'a besoin ni de terre, ni d'espace, ni de liberté, ni
d'amour humain pour retrouver son âme, que, par-dessus tout, il ne doit rien désirer. Et Tchekhov, vieillissant, poitrinaire, qui possédait si peu de chose en ce
monde, protestait, timidement d'abord, puis avec violence :

« C'est le mort qui n'a besoin de rien. Au vivant, il
faut tout, toute la terre... Dieu a créé l'homme pour
qu'il soit vivant, pour qu'il connaisse la joie et

l'angoisse, et le malheur... Et tu ne désires rien, tu n'es pas vivant, tu es une pierre...» (*En Exil.*)

Mais, en 1889, Tchekhov, las, démoralisé, inquiet, déçu, ne s'était pas libéré encore de la doctrine tolstoïenne. Les récits de cette époque sont les plus faibles, les moins convaincants qu'il ait écrits.

XXII

L'été qui suivit la mort de son frère Nicolas, Tchekhov partit pour l'île Sakhaline. Autour de lui on ne
pouvait comprendre pourquoi il entreprenait ce dur,
cet étrange voyage. Le transsibérien, à cette époque,
n'existait pas. Il fallait acheter une voiture, louer des
chevaux et traverser ainsi une contrée à la nature sauvage, au climat rigoureux, à peine peuplée, supporter
le froid, l'absence du confort le plus élémentaire, la
fatigue, tout cela pour aboutir à quoi ? à Sakhaline, l'île
maudite, le bagne, la terre la plus déshéritée du
monde.

Tchekhov, lorsqu'on lui demandait la raison de ce
voyage, répondait :

— Je veux vivre, pendant une demi-année, comme
je n'ai pas encore vécu jusqu'ici.

Il comptait demeurer deux mois à Sakhaline et revenir en Europe par Nagasaki, Shanghaï, Manille, Singapour, Colombo, Port-Saïd et Constantinople. On
devine l'attrait que pouvaient exercer tous ces noms
sur l'esprit et l'imagination de quelqu'un né à Taganrog et qui avait dû se contenter, pendant dix ans, de
vacances prises en famille en Ukraine ou aux environs
de Moscou ! À cette famille, Tchekhov n'était pas
fâché d'échapper. Surtout, il lui semblait que son
voyage et le livre qu'il écrirait au retour pourraient être

utiles. Tout le monde critiquait le système péniten-
tiaire russe ; mais qui s'était donné la peine de l'étu-
dier, de rechercher ses défauts, de proposer des
remèdes ? Personne. Et la Sibérie, cependant, était une
réalité, la plus sombre des réalités russes. « Comme les
Turcs se rendent à la Mecque, nous devrions aller en
pèlerinage en Sibérie », disait Tchekhov. Des millions
de Russes souffraient, mouraient là-bas. Il semblait à
l'écrivain que l'on ne pouvait fermer les yeux, se
détourner de « cette mer de larmes, de ce lieu d'insup-
portables souffrances ». Au retour, il raconterait très
sobrement, très froidement ce qu'il avait vu et, peut-
être, grâce à lui, certaines améliorations pourraient être
apportées à ce régime inhumain. Et puis, il avait toujours aimé le changement, les impressions neuves et
fortes. Il pressentait déjà, sans nul doute, que sa vie ne
serait pas longue. Il fallait du moins qu'elle fût riche de
sensations et d'images. Il partit au commencement de
l'été 1890.

La route paraissait interminable. Il n'avait pas pensé
qu'elle pût être aussi ennuyeuse. De Tioumen à
Irkoutsk, il voyagea pendant trois mille verstes par un
froid terrible. On était au mois de mai et la neige tombait encore. Malheureusement, les fleuves perdaient
leur carapace de glace. À cette époque de l'année, ils
débordent et inondent la campagne.

« Une véritable plaie d'Égypte », écrit Tchekhov.
Les routes disparaissent sous l'eau. Sans cesse il fallait
abandonner la voiture et monter dans des barques qui
risquaient de couler à chaque instant. « Il faut s'asseoir
pendant des journées entières sur le rivage, sous la
pluie et dans le vent froid, et attendre, attendre... »
Cependant, sur le fleuve « rampaient des blocs de
glace... L'eau était trouble... Elle courait avec un bruit

étrange, comme si, au fond, quelqu'un clouait des cercueils ».

Ces fleuves donnaient des cauchemars à Tchekhov.

De Tomsk à Krasnoyarsk, il n'y avait plus de neige, mais cette boue affreuse du Nord où les roues s'enlisent, les essieux se cassent, les chevaux glissent et tombent. La nourriture était mauvaise et rare. « Le Russe est un cochon (*lettre à Marie Tchekhov, 13 juin 1890, au bord du lac Baïkal*), si on lui demande pourquoi il ne mange pas de viande ni de poisson, il explique cela par le manque de transports, etc., et, cependant, la vodka se trouve dans les villages les plus perdus et en telle quantité qu'il vous plaira... Il semble qu'il soit plus facile d'avoir de la viande ou du poisson que de la vodka, qui est plus coûteuse, et qu'il est plus dur de transporter. Non ! Sans doute est-il beaucoup plus intéressant de boire de l'eau-de-vie que de se donner la peine de pêcher du poisson dans le lac Baïkal. » On ne pouvait ni dormir dans un lit, ni se laver, ni changer de linge.

Après Krasnoyarsk, l'hiver était fini. Alors Tchekhov souffrit de la chaleur, de la soif, de la poussière et des moustiques. Mais la Taïga, « la forêt sans fin », était admirable. Personne ne savait où elle se terminait. Les arbres couvraient des centaines de verstes. Parfois, des Lapons, sur leurs attelages de rennes, la traversaient pour venir acheter du pain dans les villages. On apercevait des sentiers, mais on ignorait où ils menaient. Peut-être à une distillerie d'alcool clandestine, peut-être à un campement de forçats évadés ? L'eau du lac Baïkal, que les indigènes appelaient « la mer », tellement il était vaste, était couleur turquoise, si transparente que l'on voyait ses rocs et ses montagnes au fond d'un abîme effrayant. Mais, pour le reste, « la nature sibérienne diffère peu (extérieurement) de la nature russe... tout est ordinaire et monotone ».

Cependant Tchekhov éprouvait une sorte de naïve fierté à être parvenu si loin sans accident. Il s'était fort bien porté et, de tout son bagage, il n'avait perdu qu'un canif, cela dans une contrée où, disait-on, les voyageurs étaient attaqués chaque jour par des forçats échappés. Mais c'était une légende : « Cela se passait ainsi autrefois, il y a longtemps... Un revolver maintenant est chose complètement inutile. » « Il me semble que je viens de passer un examen », conclut Tchekhov.

Il aperçoit enfin le sombre Sakhaline. Les autorités le reçoivent fort bien. On lui permet de visiter les prisons, de parler aux forçats, « à condition, naturellement, de n'avoir rien de commun avec les condamnés politiques ». Cela allait de soi.

Tchekhov explore l'île, pénètre dans les bagnes, voit ces taudis humides, aux murs grouillants de vermine, où, sur une planche, couchent les prisonniers enchaînés. Il entre dans les isbas, où cohabitent dans la misère et la saleté, les anciens forçats, leurs femmes, qu'ils ont fait venir de Russie et qui n'ont d'autres moyens d'existence que la prostitution, leurs enfants ; Russes, Tartares, Juifs, Polonais, toutes les races, toutes les religions se retrouvent là. Beaucoup de coupables et beaucoup d'innocents ; des fous, des ivrognes qui ont tué ou volé, un jour, parce qu'ils avaient bu ou qu'ils étaient aveuglés par la colère, et qui ne se souviennent même plus quel crime ils expient.

Enfin, Tchekhov apprend à connaître les gardiens. Tantôt, ce sont des brutes ignorantes, parfois des sadiques. Souvent, ce qui est pire, ce sont d'excellentes gens, pleins de bonne volonté, mais qui ne peuvent rien faire pour aider leurs semblables. Tchekhov assiste aux exécutions, aux tortures, car on continue à battre

les hommes de verges pour chaque faute, même
vénielle. En Sibérie, à l'île Sakhaline, est jetée à
pleines mains cette semence de folie, de cruauté, de
haine et de mort qui lèvera, moins de trente ans plus
tard, en de si terribles moissons.

Dans le récit de son voyage, écrit au retour, Tchekhov, on le sent, s'efforce de rester calme, de parler de
toutes ces horreurs avec une froide lucidité, en médecin. Il s'exprime en phrases mesurées, prudentes.
Voici le passage où il parle des enfants de l'île :

« Les enfants suivent des yeux avec indifférence les
prisonniers enchaînés... ils jouent aux soldats et aux
prisonniers... Les enfants de Sakhaline parlent de vagabonds, de verges... ils savent ce que c'est que le bour-
reau... »

Un jour, Tchekhov entre dans une isba où il ne
trouve qu'un petit garçon de dix ans. La conversation
s'engage :

— Comment s'appelle ton père ? demandai-je.

— Je ne sais pas, répondit-il.

— Comment cela ? Tu vis avec ton père et tu ne
sais pas comment il s'appelle ? C'est honteux.

— Ce n'est pas mon vrai père.

— Qu'est-ce que cela signifie ? Ce n'est pas ton vrai
père ?

— C'est l'amant de ma mère.

— Ta mère est mariée ou veuve ?

— Veuve. Elle est venue ici à cause de son mari.

— Qu'est-ce que cela veut dire : venue à cause de
son mari ?

— Elle l'a tué.

— Tu te souviens de ton père ?

— Je ne me souviens pas. Je suis un bâtard.

On frappait de verges les vieillards, les femmes,
même enceintes. La punition était terrible, mais, peu à

peu, on s'y habituait, et certains prisonniers, endurcis par le châtiment, sentaient à peine la douleur, tandis que d'autres perdaient la raison ou mouraient. Tchekhov assista à quelques scènes et, pendant trois nuits, ne put dormir. Il espérait qu'en décrivant ces tortures de la manière la plus tranquille, sans passion partisane, il frapperait davantage l'imagination des lecteurs qu'en s'indignant et en prenant violemment parti contre les bourreaux. Mais le public lut, frémit modérément et oublia aussitôt ce qu'il avait lu.

Tchekhov put se dire que son voyage, ses fatigues, ses nuits sans sommeil, tout cela n'avait aidé en rien la malheureuse humanité. Il était difficile à un écrivain de « servir » comme le voulait Tolstoï. Tchekhov le comprit une fois pour toutes. Désormais il se bornera au rôle de témoin ; il avait toujours pensé que « si on parle de voleurs de chevaux, il est inutile de dire qu'il est mal de voler des chevaux ». À présent, il en était sûr.

Il s'était bien porté, lui semblait-il, pendant son voyage en Sibérie. Mais il prit froid sur le chemin du retour. Il était encore malade en arrivant à Moscou : « Maintenant je tousse, je me mouche sans arrêt et, le soir, je me sens fiévreux. Il faut se soigner. » (*Lettre à Stchéglov, 10 décembre 1890, Moscou.*) Il était content de lui-même : il avait accompli un de ses plus chers désirs, voyagé hors de Russie, loin d'Europe. « Je remercie Dieu, dit-il, qu'Il m'ait donné la force et les moyens d'entreprendre ce voyage... J'ai beaucoup vu et beaucoup ressenti, et tout est extrêmement intéressant et nouveau pour moi... » « Je suis content, rassasié, écrit-il encore, et enchanté à un point tel que je ne désire plus rien, et je ne me plaindrais pas si j'étais atteint de paralysie ou si la dysenterie m'expédiait dans l'autre monde. Je peux dire : j'ai vécu !... J'ai été en enfer (Sakhaline) et au paradis, dans l'île de Ceylan. »

Nous devons à ce voyage d'admirables récits. Les plus beaux sont, sans doute, *En Exil* (les forçats, la nuit, au bord de l'eau) et *Goussiev*, ce chef-d'œuvre (la mort d'un soldat, en mer). À l'origine de ce conte, on retrouve, peut-être, le souvenir suivant que retrace Tchekhov dans une lettre à Souvorine (*Moscou, 9 décembre 1890*) : « En route vers Singapour, on a jeté deux cadavres à la mer. Quand on regarde le mort, cousu dans une toile, qui vole en faisant la culbute dans l'eau, et quand on se souvient qu'il y a plusieurs lieues jusqu'au fond, on commence à avoir peur, et il vous semble que vous mourrez aussi et que vous serez jeté dans la mer... »

Au Japon, une épidémie de choléra avait éclaté. Tchekhov ne put y faire escale ; il rentra par Hong-Kong, Singapour et les Indes :

« ... Je me rappelle pas bien Singapour, car, tandis que je le traversais, j'étais triste, je ne sais pourquoi. Je pleurais presque. Ensuite vint Ceylan, le lieu où était le Paradis. Ici, au Paradis, j'ai fait plus de cent verstes en chemin de fer et je me suis rassasié de forêts de palmiers et de femmes de bronze. Lorsque j'aurai des enfants, je leur dirai, non sans fierté : « Fils de chiennes, j'ai eu, en mon temps, une liaison avec une Hindoue aux yeux noirs... et où cela ? dans une forêt de noix de coco, au clair de lune... »

« Le monde est beau. Une seule chose est mauvaise : nous. »

Cet accent où se mêlent la plaisanterie, la mélancolie et un calme désappointement, c'est tout Tchekhov — dans ses récits, dans ses lettres et, sans doute, aussi dans son âme : c'est son *ton* inoubliable.

Il ne pouvait plus demeurer en repos, maintenant

qu'il avait goûté les plaisirs des longs voyages. Il se
sentait malade, cependant. Mais, au printemps 1891, il
accompagna son éditeur et ami Souvorine, qui se rendait à l'étranger. Il visita Vienne, Venise, Florence,
Rome, Naples, Nice et Paris. Il n'avait jamais été en
Europe. Au début, tout lui plaisait, l'enchantait : « Les
maisons de Vienne, à six et sept étages, les magasins
où l'on trouve d'extraordinaires objets de bronze, de
porcelaine, de cuir..., les femmes, belles et élé-
gantes... » « De ville plus merveilleuse que Venise, je
n'en ai vu de ma vie... Le soir, quand on n'y est pas
habitué, on peut en mourir... Les gondoles... Il fait
doux, tranquille, des étoiles... Un Russe, pauvre et
humilié, ici, dans cet univers de beauté, de richesse et
de liberté pourrait facilement perdre l'esprit. On voudrait demeurer ici éternellement, et quand on est
debout dans une église et que l'on entend l'orgue, on
voudrait se faire catholique... On a envie de pleurer,
parce que dans tous les coins on entend de la musique
et des chants magnifiques... »

Mais, le lendemain, il pleut. « Venezia bella » a
cessé d'être « bella ». De l'eau souffle un ennui morne
qui donne l'« envie de se sauver bien vite là où il y a
du soleil ».

À Rome et à Florence, les musées l'ennuient et le
fatiguent, et il pense avec nostalgie à la Russie et à un
plat de « stchi avec du gruau ». À Monte-Carlo, avec le
fils de Souvorine, il invente une martingale infaillible
et perd, naturellement, tout l'argent qu'il avait sur lui.
« Mon Dieu, à quel point est méprisable et dégoûtante
cette vie, avec ses artichauts, ses palmiers et son parfum de fleurs d'oranger. J'aime le luxe et la richesse,
mais *ce luxe de la roulette* produit sur moi l'impression
d'un magnifique W.-C. »

En somme, « Rome ressemble à Kharkov, et Naples est sale ». (*Lettre à Marie Tchekhov, Naples, avril 1891*)

Toutefois, Paris lui plaît ; les Français sont « un peuple excellent », mais il était las et voulait rentrer « à la maison ». Par moment, il souhaitait un décor, un paysage nouveau, comme on peut désirer une femme. Mais il se fatiguait vite ; il recherchait de nouveau autre chose, d'autres cieux. Il portait sur lui un petit bijou avec cette inscription : « À celui qui est seul, le monde entier est un désert. »

Ce désert, il l'avait parcouru en tous sens, tantôt rêvant de l'Orient, tantôt de l'Italie et, lorsqu'il était à Singapour, ou à Venise, il regrettait Moscou où il crachait le sang. Il vieillissait.

XXIII

Tchekhov était toujours pressé par le temps lorsqu'il écrivait ; ses manuscrits devaient être livrés à des dates fixées d'avance entre lui et ses éditeurs, et il était trop scrupuleux pour manquer à ses engagements. L'obligation de terminer un récit tel jour, à tout prix, était dure.

« ... À cause de cela, disait-il, le commencement est plein de promesses, comme si j'entreprenais un roman, le milieu est froissé, timide, et la fin... un feu d'artifice. »

L'existence tout entière de l'écrivain semble avoir été composée « à la Tchekhov ». L'enfance et l'adolescence riches en personnages, en scènes, en expériences de toutes sortes ; puis la jeunesse, où le sort se hâte, fourre pêle-mêle le succès et les échecs, mille travaux, la maladie, les voyages, les deuils, l'amour pour finir. Sa vie devrait se poursuivre, longue et féconde, mais tout se passe comme si quelqu'un avait prononcé la phrase si souvent entendue par Tchekhov : « L'ouvrage doit être prêt à telle date... » Sur la page on trace déjà le mot : fin.

XXIV

Les critiques russes, lorsqu'ils voulaient faire plaisir à Tchekhov, comparaient ses nouvelles à celles de Maupassant. Maupassant est un merveilleux artiste, injustement décrié aujourd'hui, mais il faut bien convenir que ses récits semblent trop souvent des mécaniques impeccables, tandis que les contes de Tchekhov sont des êtres vivants, avec leurs défauts et leurs qualités d'êtres vivants : l'imperfection humaine et la mystérieuse vibration de la vie.

Edmond Jaloux a dit très justement que les meilleurs contes de Maupassant sont gâtés par leur caractère anecdotique, forcé ; ils visent à une pointe, à un effet. La dernière phrase pénètre dans l'esprit du lecteur comme une flèche. Tchekhov, lui, désire laisser une impression analogue à celle que donne la musique. Ses nouvelles finissent en majeur, ou en mineur, par une sorte d'écho limpide et sonore.

Maupassant, Mérimée, d'autres encore, dans leurs nouvelles mettent en lumière un épisode, un événement unique. La multiplicité des personnages et des scènes est réservée au roman. Cela semble logique ; en fait, cela est arbitraire comme la plupart des règles artistiques. Lorsque, dans une nouvelle ou un roman, on met en relief un héros ou un fait, on appauvrit l'histoire ; la complexité, la beauté, la profondeur de la réalité dépendent de ces liens nombreux qui vont d'un homme à un autre, d'une existence à une autre existence, d'une joie à une douleur.

Tchekhov s'efforce d'enfermer beaucoup d'expérience humaine dans un nombre restreint de pages. *Les Commères*, par exemple, contiennent le récit d'une aventure romanesque, en elle-même significative et tragique. Un marchand qui s'arrête par hasard au seuil d'une auberge raconte comment, jadis, une femme l'a aimé et fut poussée au crime par cet amour. La conversation entre les marchands et les paysans s'achève. Il part. Elles ne le reverront jamais, mais ses paroles éclairent ce qui, jusqu'ici, demeurait informulé, ténébreux au fond de leurs âmes : la passion, la haine, le désespoir. L'amour du marchand n'est pas un phénomène isolé ; il est relié à tout un ensemble d'amours et d'aventures ; tout ici-bas influe sur ce qui l'entoure.

En Mission n'est tout entier que le récit d'une nuit passée dans une isba, auprès du corps d'un suicidé, nuit qui se termine chez des amis, dans une chambre confortable et chaude, tandis qu'au-dehors gémit la tempête de neige. Le lecteur se trouve entre deux portes, dirait-on ; l'une s'ouvre sur un monde de joie et d'insouciance, l'autre sur un univers effrayant et sordide. Ni blâme, ni louange. C'est ainsi, voilà tout, et c'est la vérité.

Voici *l'Étudiant*. Un jeune homme, une nuit de printemps, se chauffant auprès d'un feu, parle à deux paysannes de la mort de Jésus. Puis, ils se séparent. L'impression que laisse ce récit est celle d'un accord musical, extraordinairement tendre et pur. On entrevoit la vie de l'étudiant, celle des pauvres femmes, et on entend, comme un écho, la rumeur des générations passées. Trois pages à peine, qui ont plus de sens et de résonance qu'un long roman.

Lorsque, toutefois, Tchekhov distingue un personnage des autres dans la foule, il ne choisit jamais, pour nous parler de lui, une crise quelconque de son existence. Quelqu'un a suivi cet exemple d'une manière incomparable : c'est Katherine Mansfield. Il est hors de doute que Tchekhov lui a appris ce secret : choisir le quotidien des jours, l'ordinaire, et non l'exceptionnel.

Voici *Vanka*, le petit apprenti cordonnier, qui écrit à son grand-père, au village. C'est un jour entre les jours pour Vanka, ni plus heureux ni plus malheureux que les autres, et c'est cela, peut-être, qui nous touche tant. Voici l'admirable *Toska* (*la Nostalgie*). Un cocher a perdu son fils. Il ne peut parler à personne de cette mort ; il finit par la raconter à son cheval. Pas d'événement ; pas le moindre *fait* : toute une destinée affreuse.

Or, la réalité (sauf dans des temps exceptionnels) est pauvre d'événements. Le lecteur se reconnaît dans ces existences moyennes, dans ces jours monotones et sans éclat. Il se reconnaît et il se retrouve. Car, trop souvent, au moment d'une crise surgit en lui un être qui n'est pas lui-même. Il n'est réellement lui, sans doute, que dans le calme et l'ennui.

Enfin, Tchekhov, même s'il nous montre un homme pendant une demi-page, réussit à nous rendre perceptible sa vie intérieure. Maupassant et Mérimée nous peignent une passion, un trait de caractère et s'en contentent.

Rappelons-nous l'héroïne de *la Parure*. C'est une petite femme coquette, et voilà tout. Prenons maintenant Falcone ; c'est un Corse qui a le sens de l'honneur. Ne cherchons pas au-delà : il n'y a rien. Les voleurs de chevaux de Tchekhov, en revanche, ont une vie intérieure, complexe, colorée, profonde (*les Voleurs*).

Cette manière de décrire des natures très simples, primitives, de paysans ou de vagabonds, fait merveille. Elle ne réussit pas aussi bien à Tchekhov quand il prend pour héros un intellectuel. Là, l'arrière-plan qu'il nous ménage nous étonne moins et ne nous séduit pas autant. *Une Banale Histoire, le Duel, les Voisins,* ont pour personnages des hommes instruits, des femmes cultivées. Trop souvent la profondeur dans leur discours n'est qu'apparente, et leurs désirs, leurs rêveries sont imaginés, et non réels. Il manque à Tchekhov le don que Tolstoï possédait au plus haut point : celui de trouver l'ordinaire dans l'exceptionnel. Tchekhov ressent une sorte de timidité lorsqu'il décrit des être au-dessus de la moyenne ; l'aisance souveraine de Tolstoï lui fait défaut.

Les récits de Tchekhov sont tristes. Ils se défendait d'être pessimiste, parce que certains de ses personnages proclament que « dans deux cents, trois cents ans la vie sera merveilleuse ». Mais on ne peut lire longtemps Tchekhov sans avoir le cœur serré. Maupassant est pessimiste. Les naturalistes voient la vie en noir ; il y a quelque chose d'enfantin dans cette conception de l'existence quand on la compare à celle de Tchekhov. Les héros de Maupassant souffrent parce qu'ils sont pauvres, vieux ou malades. Les raisons de leur désespoir sont tout extérieures. Pour Tchekhov, ce qui fait son mal, c'est que la vie, à ses yeux, n'a aucun sens.

À une femme qui l'aime et qui lui demande :

— Quelle est la signification de la vie ?

Il répond avec lassitude :

— Tu me demandes ce que c'est que la vie ? C'est exactement comme si tu demandais : qu'est-ce qu'une carotte ? Une carotte est une carotte, et voilà tout.

De même Tousenbach, dans *les Trois Sœurs* :

— Dans un million d'années, la vie sera la même : elle ne change pas ; elle demeure constante ; elle suit ses propres lois, dont nous n'avons que faire, ou, du moins, que vous ne connaîtrez jamais. Les oiseaux, les cigognes, par exemple, volent et volent, et quelles que soient les pensées, grandes ou petites, qui errent dans leurs têtes, elles continueront à voler et à ignorer pourquoi et où elles vont. Elles volent et voleront, quels que soient les philosophes qui se trouveront parmi elles ; et qu'ils philosophent tant qu'ils veulent, pourvu qu'elles volent...

Macha. — Tout de même, il y a un sens ?

Tousenbach. — Un sens... Voici la neige qui tombe. Quel sens ?

Un calme désenchantement imprègne chaque ligne de ses œuvres, quelquefois malgré lui, et leur donne un accent particulier, lucide, doux, tranquille.

Tchekhov se préoccupait des moindres détails du style et de la composition de ses ouvrages. Pour comprendre quel dur travail de perfectionnement il dut accomplir sur lui-même, il faut relire ses premiers récits et ceux des dernières années : quelle différence ! Sur la fin de sa vie, « il n'écrivait pas, il dessinait ses contes ». Surtout, il méditait sans cesse sur son art. Il y entrait autant de réflexion et de volonté que d'instinct. Il recherchait la simplicité avant toutes choses ; les phrases devaient être aussi courtes que possible, chaque mot disant ce qu'il veut dire, et rien de plus. L'idéal d'une description, disait-il, il l'avait trouvé un jour dans le cahier d'un écolier : « La mer était grande », écrivait l'enfant, et l'écrivain affirmait qu'on n'eût pu faire mieux. Simplicité, concision, pudeur, voici ce qui, avant tout, importait. Suggérer et non expliquer. Mener le récit tout uniment et tout doucement. « Mon instinct me dit que la fin d'une nouvelle doit concentrer artificiellement dans l'esprit du lecteur l'impression de l'ouvrage entier. »

Chaque problème qui peut se poser à un écrivain a été examiné par Tchekhov. Il était obligé d'écrire vite, de se hâter et, cependant, ses contes sont des chefs-d'œuvre de délicatesse et de patience. « Un jour, devant moi, écrit Maxime Gorki, Tolstoï parlait avec admiration d'une nouvelle de Tchekhov : *Chérie*, je crois. Il disait : « C'est comme une dentelle brodée par une chaste jeune fille ; il y avait dans l'ancien temps des jeunes filles, des dentellières, qui travaillaient ainsi... » Tolstoï parlait avec émotion, des larmes aux yeux. Tchekhov, ce jour-là, avait de la fièvre ; il était assis, des taches rouges aux joues et, la tête inclinée, il essuyait son pince-nez avec soin. Il se tut longtemps ; enfin, en soupirant, il dit à voix basse et timidement :

— Il y a... des fautes d'impression...

Katherine Mansfield ; à qui il faut toujours revenir quand on parle de Tchekhov, car elle est son héritière spirituelle, croyait fermement, à la fin de sa vie, que l'écrivain, en se perfectionnant, en s'élevant moralement, perfectionne et élève son art. Tchekhov n'a jamais rien enseigné de pareil, mais sa vie tout entière illustre cette vérité. Les qualités de Tchekhov, homme — sa modestie, sa probité, sa simplicité, son effort incessant pour se discipliner, s'affiner, pour aimer son prochain, pour supporter la maladie et les soucis, pour attendre la mort avec dignité et sans peur, — se reflètent dans l'œuvre de Tchekhov, écrivain. Lui qui affirmait tristement que la vie n'a pas de sens a réussi à donner à la sienne une signification très belle et très profonde.

XXV

Tchekhov s'était lié d'amitié avec son éditeur, Souvorine. Une curieuse figure, ce Souvorine, un des hommes les plus détestés de son temps, car il était réactionnaire et, surtout, opportuniste. Pourtant, Souvorine valait plus que sa réputation, semble-t-il ; on peut en juger par des *Mémoires* laissés par lui, qui n'étaient pas destinés à être livrés au public et qui ne l'ont été que par une série de hasards.

Alexis Souvorine, ainsi que Tchekhov, sortait du peuple ; il était le petit-fils d'un serf. Il avait commencé sa carrière comme maître d'école ; il enseignait la géographie dans un village perdu du centre de la Russie, et on le payait 14 roubles 60 kopecks par mois. Il était marié et il avait un enfant. Il voulut être journaliste ; il fallait se rapprocher de Moscou ; il loua alors pour sa famille une isba à dix verstes de la capitale. Sa femme, lorsqu'elle se rendait à Moscou, faisait la route à pied et, pour épargner ses chaussures, elle les ôtait et les portait à la main, allant pieds nus dans la poussière. Un peu plus tard, Souvorine voulut tenter sa chance à Pétersbourg ; il dut emprunter un pardessus à un ami pour le voyage. Il fut nommé secrétaire à la rédaction d'un journal. Il travailla avec courage et, sans doute, savait-il se plier aux exigences des hommes en place et flairer le vent ; il devint bientôt le directeur du plus

grand quotidien de Russie, le *Novoïe Vremia* ; d'impor-
tantes maisons d'édition lui appartenaient ; enfin, les
kiosques de journaux, sur toutes les lignes de chemins
de fer, étaient entre ses mains, et il en retirait des
bénéfices immenses. Les jaloux l'avaient surnommé,
d'après un bon mot de Stchédrine, « Que désire Monsieur ? », car, en toutes choses, il s'efforçait d'épouser
le point de vue du gouvernement, qui l'en remerciait
sans cesse par de nouvelles faveurs. Mais dans les
pages de son journal, parvenu jusqu'à nous et édité par
les Soviets, il montre sa réelle pensée sur les événements et les hommes qui conduisaient alors la Russie,
et son jugement est sans indulgence. Tchekhov l'estimait pour son goût littéraire, son esprit et son intui-
tion, et lui-même admirait Tchekhov sans réserves. Ils
s'entendaient fort bien. Ils voyagaient souvent ensemble, et ils avaient des prédilections communes pour les
livres, la pêche à la ligne, les spectacles et même pour
les cimetières.

Le 23 mars 1896.

« Aujourd'hui, c'est le Samedi Saint. Je me suis
rendu avec Tchekhov sur la tombe de Gorbounov ;
nous avons ouvert la lanterne pendue sur la croix ;
nous avons sorti la veilleuse qui s'y trouvait et nous
l'avons allumée. J'ai dit : « Christ est ressuscité, Ivan
Féodorovitch. » (*Mémoires de Souvorine.*)

Ayant ainsi félicité le mort, Tchekhov et Souvorine
poursuivirent leur chemin à travers le cimetière. Souvorine fit remarquer que les tombes étaient très près
de la Néva : lui, Souvorine, serait certainement enterré
là.

— Mon âme, dit-il, sortira alors du cercueil, des-
cendra sous terre jusqu'au fleuve ; là, elle trouvera
quelque poisson, elle entrera en lui et nagera en lui.

Tchekhov l'écoutait avec le plus grand sérieux, tirant pensivement sa petite barbe pâle. Il avait beaucoup changé et vieilli en ces dernières années ; son corps était maigre et léger, ses grandes mains sèches et brûlantes de fièvre ; il portait son pince-nez ; des rides apparaissaient sur sa figure lasse. « Il ressemblait, dit Kouprine, à un médecin de campagne ou à un maître d'école dans une ville de province... » À première vue, il paraissait tout à fait ordinaire, « mais ensuite on voyait le plus beau, le plus fin, le plus inspiré des visages humains ».

Ensemble, Tchekhov et Souvorine virent les fêtes du couronnement. « Les jours de ce couronnement, écrit Souvorine dans son journal avec un singulier accent prophétique, sont clairs, brûlants. Et le règne sera brûlant. Que brûlera-t-il ? et qui ? » (*Mémoires de Souvorine.*)

Tous deux avaient la passion du théâtre. Souvorine était, à ses heures, auteur dramatique. Il se plaignait parfois du monde du théâtre qui, disait-il, l'assommait. Il ajoutait cependant :

— Je ne peux m'en arracher. Quelque chose là-dedans m'attire.

Quant à Tchekhov, dans la fréquentation des acteurs, dans l'air poussiéreux des coulisses, il trouvait un aliment de chaleur et de vie qui lui avait toujours manqué. Le théâtre était pour les deux amis une grande consolation.

Enfin, tous deux éprouvaient envers les hommes un certain dédain : cynique de la part de Souvorine, tendre et désabusé de celle de Tchekhov. Tchekhov, à son retour d'Orient, avait trouvé autour de lui une singulière atmosphère « de malveillance indéfinie... On me gave de dîners, on me chante de mauvais dithyrambes et, en même temps, on est prêt à me dévorer. Pourquoi ? Le diable le sait. Si je me tirais un coup de revolver, je procurerais un grand plaisir aux neuf dixièmes de mes amis et admirateurs ».

Cette malveillance avait des causes multiples : on avait beaucoup aimé Tchekhov ; on s'était fatigué de l'aimer. On le jalousait : il avait atteint la célébrité si jeune ! Certains critiques lui reprochaient aigrement de se croire un génie, alors qu'il n'était qu'un « jeune littérateur qui avait eu de la chance ».

La haine que Souvorine inspirait à certains rejaillissait aussi sur Tchekhov. De toutes parts on le pressait de renoncer à cette amitié et, naturellement, il y tenait davantage.

Cette froideur, cette injustice du public et des critiques (Tchekhov disait de ces derniers : « Ce ne sont pas des hommes, mais une espèce de moisissure »), ce sentiment de solitude, d'incompréhension, achevaient de mûrir l'écrivain. Son indépendance spirituelle devenait plus farouche. Il s'élevait maintenant contre Tolstoï lui-même. L'admirable *Salle n° 6* date de 1892 et marque le moment où Tchekhov rejette définitivement l'influence de Tolstoï. Jamais il ne cessera de vénérer l'artiste et d'aimer l'homme, de le considérer comme « le plus grand ». Mais il ne lui obéira plus dans son cœur. Il n'idéalisera pas le peuple :

« En moi coule le sang d'un moujik, et les vertus du moujik ne m'étonnent pas. »

Il est médecin et, comme tel, il ne peut mépriser la science et le progrès, comme l'a fait Tolstoï : il lui semblait que « l'homme qui a su utiliser la vapeur a fait davantage pour le bien de l'humanité que s'il avait refusé de manger de la viande ou vécu dans la chasteté ». Surtout il n'était plus d'accord avec la théorie du perfectionnement intérieur, qui, aux yeux de Tolstoï, était l'unique remède à tous les maux. La Russie qu'il venait de visiter, de Moscou à Sakhaline, l'Europe occidentale qu'il admirait, tout ce qu'il voyait autour de lui et en lui-même, tout lui disait que la vie russe était mauvaise, qu'il fallait la modifier, la bouleverser si c'était nécessaire, mais non pas s'abîmer dans une sorte de nirvanâ, dans une vaine contemplation de sa propre âme.

On connaît le sujet de *la Salle n°6.* Dans un hôpital de province, sale, sombre, où règne un infirmier ivrogne et brutal, le médecin laisse aller les choses, affirme à ses malades que tout ici-bas est relatif, que la somme de malheur est égale pour celui qui vit dans la richesse et pour celui qui meurt de faim, que l'on peut être aussi libre au fond d'une prison que dans la steppe, aussi heureux sur son lit d'hôpital que dans un palais. Ce sont de belles, de consolantes paroles ! Mais, un jour, le médecin lui-même tombe malade ; on le déclare fou, on l'enferme. Il est battu par l'infirmier. Il souffre. Il comprend alors, trop tard, ce que d'autres ont souffert par sa faute.

Toute la Russie interpréta le symbole à sa manière... La salle n°6, avec ses fenêtres grillagées, c'était l'empire ; l'infirmier brutal, il était facile de lui donner un nom. Le médecin sans volonté ni courage, c'était « l'intelligenzia » tout entière. Est-ce vraiment là ce que Tchekhov avait voulu faire entendre, en écrivant *la Salle n°6* ? S'était-il élevé contre la doctrine de Tolstoï ou critiquait-il réellement le régime ? ou, plus profondément encore, toute la condition humaine ? ou se bornait-il à tracer un tableau véridique et précis, sans lui donner un sens ? On ne peut le dire avec certitude, mais le public avait sa conviction. C'était l'essentiel. *La Salle n°6* a beaucoup contribué à la célébrité de Tchekhov en Russie ; à cause d'elle, l'U.R.S.S. le revendique comme sien et affirme que, s'il avait vécu,

il eût appartenu au parti marxiste. La gloire posthume
offre de ces surprises...

Lui, cependant, n'était pas heureux ; il ne se sentait
ni compris, ni aimé. Il trouvait que sa vie était inutile.
Il soupirait : « Pourquoi écrire ? Pour de l'argent ?
Mais, de toute façon, je n'en ai jamais. »

Il se réfugiait alors à la campagne. Il l'avait toujours
aimée. Ces demeures, « poétiques et tristes, abandon-
nées », il les décrivait sans cesse dans ses récits et il
éprouvait pour elles un goût funèbre et voluptueux. Il
lui était arrivé, un été, de louer un étage dans une maison à demi ruinée ; il couchait « dans une immense
salle à colonnes, où il n'y avait aucun meuble, sauf un
large divan sur lequel il dormait, et une table... Même
par les journées tranquilles, quelque chose sonnait
dans les vieux poêles, et par les temps d'orage toute la
maison tremblait et, semblait-il, se fêlait, et on avait un
peu peur, la nuit surtout, lorsque toutes les dix
grandes fenêtres, tout d'un coup, s'illuminaient
d'éclairs ».

Dès sa jeunesse, il avait rêvé d'acheter une propriété :

— Nous n'avons jamais eu un coin à nous, disait-il
à ses frères, quel dommage !

Depuis 1892, il possédait une terre : Mélikhovo.

XXVI

Tolstoï enseignait que la propriété est un mal. Mais pour Tchekhov, être propriétaire, quelle joie ! Ne plus payer de loyer, cela seul était enivrant. Mélikhovo, lorsque les Tchekhov s'y installèrent, était couvert de neige et de glace ; la maison, bâtie au centre d'un grand espace désert, semblait abandonnée au milieu « d'une petite Sibérie ». La famille était déçue. Personne ne comprenait le bonheur d'Anton, mais, depuis longtemps, on avait renoncé à le comprendre. Mais lui était satisfait de cette demeure isolée, de ce cabinet de travail tranquille « aux trois grandes fenêtres ». Il se levait très tôt ; il travaillait, non seulement intellectuellement, mais physiquement, et cela était nouveau et délicieux pour lui. Il nettoyait lui-même la cour, jetait dans l'étang la neige épaisse, brisait la glace. Dans cette cour, il dessinerait un jardin, il planterait des arbres fruitiers ; il l'ornerait de roses. Ses deux malheureux frères aînés avaient su d'instinct gâcher et troubler toutes choses autour d'eux, tandis qu'Anton Pavlovitch était poussé par une force contraire : embellir, édifier, élever. Lui qui avait tellement souffert du désordre d'autrui, il avait instauré dans sa vie et dans celle des siens une discipline stricte, presque monacale. Il s'éveillait à quatre heures. Il se promenait longuement dans le jardin qui prenait forme et vie grâce à ses soins.

Ses deux chiens, Bromure et Quinine, deux bassets aux pattes torses, aux longs corps, d'une intelligence extraordinaire, l'accompagnaient. On déjeunait à midi. Ensuite, c'était la sieste. Puis, jusqu'au soir, il écrivait. « Je voudrais, disait-il à Souvorine, être un petit vieillard chauve, être assis dans une bonne chambre, à une grande table et écrire, écrire. » « La littérature a cela de bien, ajoutait-il en souriant, qu'on peut être assis, la plume à la main, des journées entières et ne pas remarquer comme le temps passe et sentir, en même temps, quelque chose de semblable à la vie. » Le soir, lui seul et son père veillaient dans la calme maison ; il écrivait encore ; le père chantait à mi-voix des litanies et récitait des prières. L'âge, le confort, le respect dont il était entouré avaient affiné, adouci le vieillard, — on eût difficilement reconnu en lui l'ancien despote, le boutiquier au poing toujours levé, à la bouche pleine d'injures.

Tchekhov se montrait un fils dévoué, respectueux ; le père se tenait à sa place, mais il demeurait entre eux un singulier malaise. Tchekhov ne pouvait oublier complètement le passé, les coups, cette dure enfance... Le père était à la fois soumis et secrètement irrité.

« Aujourd'hui, écrit Tchekhov, à table, Vissarion (c'était le surnom que, dans leur jeunesse, ses frères et lui avaient donné au tyran domestique), Vissarion pérorait ; il disait que les ignorants valent mieux que les gens instruits. Je suis entré : il s'est tu. » (*Lettre à Alexandre, 11 mars 1897.*)

Le reste de la famille adorait Anton et, avec les meilleures intentions du monde, lui rendait la vie insupportable. Un jour, son frère Alexandre vint le voir à Mélikhovo, passa quelque temps avec lui, puis repartit et, en route, en attendant le train, dans une petite gare de campagne, lui écrivit cette lettre :

Lopassnia, 1893, juin.

« Altocha,

« J'ai quitté Mélikhovo sans avoir dit adieu à Alatrimantran (encore un surnom du père). Il dormait, et que Dieu soit avec lui ! Qu'il rêve de saumons et d'olives. Notre mère a dit qu'en partant, je la blessais... Notre sœur est devenue triste quand je suis monté en voiture. Tout cela est dans l'ordre. Mais ce qui n'est pas dans l'ordre, c'est mon état d'âme. Ne te fâche pas si j'ai fui lâchement. J'ai une grande pitié pour toi. Je suis, moi aussi, un homme faible et je ne peux supporter froidement le chagrin d'autrui. Je souffrais tout le temps en te regardant, en regardant ta vie affreuse... Tous, sans exception, te veulent du bien, mais le résultat est un complet malentendu. Pour apaiser tous ces malentendus, ces vexations mutuelles, ces larmes, ces souffrances inévitables, ces soupirs étouffés, une seule chose est possible, ta décision dernière, ton départ seul.

« Notre mère ne te comprend absolument pas et ne te comprendra jamais. Elle souffre profondément, mais parce que tu es malade et irritable. Elle ne parviendra pas jusqu'à la compréhension de ton esprit. Notre père, hier, dans la forêt, me répétait qu'on ne l'écoute pas. Il est intelligent. Grand-père était régisseur, ergo... Tu es un homme bon et excellent. Dieu t'a donné une étincelle (de talent). Avec cette étincelle tu es chez toi partout. Il te faut, coûte que coûte, garder une âme vivante. Abandonne tout : tes rêves de vie à la campagne, ton amour pour Mélikhovo et tout le sentiment et le travail que tu as enfouis là-dedans. Mélikhovo n'est pas unique au monde. Quel sens cela a-t-il que Altrimantran dévore ton âme comme les rats dévorent une chandelle ? Et il n'est pas difficile de la dévorer... »

Enfant, Anton Pavlovitch avait réussi à sauvegarder sa liberté intérieure, « son âme vivante », grâce à la rêverie, au silence, à une douce et ironique résignation. Adulte, malade, célèbre, c'étaient les mêmes remèdes qui le sauvaient. La nature le consolait avant toutes choses.

« Quand je vois le printemps, écrivait-il à Souvorine, je désire terriblement que dans l'autre monde il y ait un paradis » (*17 mars 1892*). Il passait de longues heures à pêcher à la ligne, au bord de l'étang.

Un jour, un visiteur, étonné, remarqua que cet étang ne contenait pas un seul poisson. Mais, sur ses rives, du moins, Tchekhov était tranquille. Ce qui frappait le plus ceux qui le voyaient pour la première fois, c'était son calme particulier. Ses mouvements étaient doux et légers, sa conversation simple et concise, sa voix froide, mais le sourire était resté celui d'un enfant. (*Souvenirs de Bounine.*)

« Il avait un large front blanc, d'une forme admirable », dit Kouprine, qui fit sa connaissance à peu près à cette époque. « Seulement, dans les tout derniers temps apparurent, entre les sourcils, à la racine du nez, deux rides verticales, pensives. »

Kouprine note encore : « Ses yeux, qui n'étaient pas bleus, comme on le croyait à première vue, mais sombres, presque bruns... À cause du pince-nez et à la manière qu'il avait de regarder à travers le bas de son lorgnon, en haussant un peu la tête, son visage semblait quelquefois sévère... »

Puis, « dans ses yeux tristes brillait un sourire, de toutes petites rides sur ses tempes frémissaient ; sa voix était profonde, douce, mate... » (*Souvenirs de Maxime Gorki.*)

Il maigrissait chaque jour davantage, toussait, vieillissait et disait de lui-même : « Je ressemble à un noyé. » Mais il continuait avec entêtement à nier son mal, et jamais sa mauvaise santé ne l'empêcha d'accomplir fermement son devoir de médecin. Cet homme malade n'hésitait pas à partir la nuit, par tous les temps, à passer des heures en voiture, sur des chemins affreux, à demeurer dans d'infâmes isbas, au chevet des paysans.

« De tous les docteurs (de ce pays), je suis le plus malheureux : mes chevaux et ma voiture ne valent rien ; je ne connais pas les routes ; je n'ai pas d'argent ; le soir, je ne vois rien, je me fatigue très vite, et voici l'essentiel — je ne peux jamais oublier qu'il me faut écrire, et j'ai grande envie d'envoyer promener le choléra et de me mettre à écrire... Ma solitude est complète. » (*Lettre à Souvorine, le 7 août 1892.*)

« Je m'ennuie. Ne pas appartenir à soi-même, ne penser qu'aux diarrhées, tressaillir la nuit lorsque les chiens aboient et qu'on frappe au portail (ne vient-on pas me chercher ?), voyager avec de mauvais chevaux sur des chemins inconnus, ne lire que des livres sur le choléra, n'attendre que le choléra et être en même temps complètement indifférent à cette maladie et à ces gens que l'on sert... », soupirait-il encore. (*Lettre à Souvorine, 16 août 1892.*)

Mais il était médecin ; il n'eût pas songé un seul instant à se dérober à son devoir. Écrivain, il trouvait sa pâture au spectacle de ces vies misérables. Il maigrissait davantage ; il crachait le sang. « Mon âme est fatiguée », écrivait-il, mais de ses souffrances et de celles d'autrui son œuvre s'enrichissait.

Deux longues nouvelles, presque des romans, ont

été écrites avec les souvenirs de Mélikhovo : *les Paysans* et *Dans le Ravin*. La manière dont Tchekhov décrit les moujiks devait choquer profondément l'intelligenzia de son temps, « ces gens, comme disait Gorki avec une cinglante ironie, ces gens qui toute leur vie ont essayé de comprendre pourquoi il est si peu confortable d'être assis sur deux chaises à la fois ? »

L'intelligenzia avait, de tout temps, idéalisé le moujik qu'elle ne se donnait pas la peine de connaître. Demeurer dans une isba, respirer l'odeur affreuse que répandait le paysan, lui parler, observer comment il vivait, comment il aimait, comment il traitait sa femme et ses enfants, de tout cela les Russes cultivés ne se souciaient guère, mais ils répétaient comme des perroquets l'enseignement de Tolstoï et de Tourguéniev : « Le moujik est bon, c'est un saint. »

Ce n'était pas du tout, de la part de l'intelligenzia, conviction raisonnée, mais attitude politique. Ils voulaient des réformes libérales. Le gouvernement les refusait, sous prétexte que le peuple n'était pas mûr pour la liberté. En lui prouvant que le moujik était un être extraordinaire, d'une haute élévation morale, on vexait le gouvernement ; on lui ôtait ses meilleures armes : la bourgeoisie ne demandait pas autre chose.

Mais Tchekhov, lui, connaissait les paysans, d'instinct d'abord, parce que leur sang coulait dans ses veines ensuite parce qu'il les visitait, les soignait, leur parlait et s'efforçait de les considérer comme des égaux. Il voyait bien que l'intelligenzia se trompait. Les moujiks russes n'étaient pas des saints. Il y avait parmi eux des natures douces, résignées, d'éternelles victimes, comme Lina (*Dans le Ravin*), comme Olga des *Paysans*. Mais, dans l'ensemble, quelle dureté, quelle bestialité, quelle vie féroce et misérable ! Des êtres humains qu'un long esclavage avait rendus semblable à des bêtes et dont la filiation divine apparaissait par éclairs, d'une manière émouvante et saisissante, c'est ainsi que Tchekhov voyait les paysans.

Ils vivaient dans des maisons sombres, sales et étroites. « Que de mouches ! Le poêle penchait ; les rondins dont les murs étaient faits étaient couchés de travers, et il semblait que l'isba allait, à l'instant même, tomber en ruines. » (*Les Paysans.*) Le moujik maltraite les animaux (— La chatte est sourde — Pourquoi ? — Comme ça. On l'a battue.), les enfants, les femmes, tous les êtres sans défense. La misère est affreuse. Sa nourriture se composait de pain noir trempé dans l'eau. Les jours de fêtes on y ajoute du hareng. Sa seule passion est de s'enivrer lorsqu'il est pauvre, de continuer à s'enrichir lorsqu'il est riche, et alors il ne recule devant rien : il vole, il tue s'il le faut. Les femmes sont corrompues et avares, ou bien de misérables créatures, malades de peur dès l'enfance. Dans un accès de colère furieuse Axinia tue le fils de sa belle-sœur (*Dans le Ravin*). Le moujik ignore la pitié. Sa religion est tout extérieure : « Maria et Fékla se signaient, jeûnaient tous les ans, mais ne comprenaient rien. On n'apprenait pas aux enfants leurs prières, on ne leur parlait pas de Dieu... on les empêchait seulement de faire gras pendant le carême... En même temps, tous adoraient les Écritures saintes ; ils les aimaient tendrement, respectueusement, mais il n'existait pas de livres, personne ne pouvait lire » (*les Paysans*).

Lorsque de vieux parents étaient malades, les enfants leur disaient qu'ils avaient trop vécu, qu'il était temps de mourir. Le moujik se sentait abandonné de tous : personne ne l'aidait, ne le conseillait. « Ceux qui étaient plus riches et plus forts qu'eux ne pouvaient les aider, car eux-mêmes étaient grossiers, malhonnêtes,

ivrognes » (*les Paysans*). « Pauvreté ! Pauvreté ! »
s'exclame Tchekhov. Ce n'était pas de liberté, mais de
bien-être, que ces créatures avaient besoin. Mais il était
facile d'exiger pour eux la liberté qui dépendait du bon
vouloir du Tsar, tandis que, pour donner au paysan le
bien-être, il eût fallu toucher aux privilèges de la classe
riche, ce que personne ne désirait. Aussi les récits paysans de Tchekhov étaient lus sans plaisir par le public
instruit.

XXVII

Tchekhov avait pour ami un peintre, Lévitan. Un jour, au printemps de 1892, à la campagne, les deux hommes allèrent à la chasse. Lévitan blessa, presque involontairement, un oiseau qui vint tomber à ses pieds. « Un long bec, des grands yeux noirs et un admirable plumage... Il nous regardait avec étonnement », écrit Tchekhov. Que faire ? Lévitan grimace, ferme les yeux et supplie d'une voix tremblante :

— Mon ami, achève-le...

— Je ne peux pas, répond Tchekhov.

L'oiseau continuait à regarder devant lui « avec étonnement ». Enfin, Tchekhov le tua : « Encore une belle créature amoureuse de moins, et deux imbéciles sont rentrés à la maison et se sont mis à table. » (*18 avril 1892.*)

Il y avait beaucoup de monde à la campagne, cette année-là, de la musique, des longues promenades au bord de l'étang, des nuits tièdes, des jeunes filles amoureuses. L'atmosphère de ce printemps, ce beau jardin, ces nuits de lune, la mort de l'oiseau innocent, tout cela se retrouve dans la pièce que Tchekhov écrivit quelque temps après : *la Mouette.*

« Je l'ai écrite *forte* et je l'ai achevée *pianissimo*, contre toutes les règles de l'art dramatique. Il en est résulté une nouvelle. Je suis plus mécontent que satisfait et, en lisant ma pièce nouvelle-née, je me convaincs, une fois de plus, que je ne suis pas un écrivain dramatique. Les actes sont très courts. Il y en a quatre. »

On connaît le sujet de *la Mouette*. Une jeune fille aime un écrivain célèbre ; elle voudrait être une actrice. Elle réalisera son rêve qui n'apporte, à elle, que déception et chagrin, et à l'homme qui l'a aimée, que la mort. Pièce tendre, lyrique, écrite toute en demi-teinte et traitée, en effet, un peu comme une nouvelle. Même en lecture, elle paraissait étrange, neuve, incompréhensible. Tchekhov la destinait au théâtre Alexandra, à Pétersbourg, en souvenir du triomphe remporté là par *Ivanov* quelques années auparavant. Une très grande actrice, qui commençait alors sa carrière, Kommisarjevskaïa, devait jouer le rôle de la jeune fille, Nina. Mais les répétitions furent insuffisantes : on mit en scène la pièce en neuf jours. La première représentation était fixée au 17 octobre 1896.

Tchekhov lui-même ne s'attendait pas à un grand succès ; il n'était qu'à demi satisfait de son œuvre. Malgré tout, il se savait aimé, respecté du public. Il pensait qu'il n'y aurait pas de triomphe, mais pas d'échec non plus : une honorable moyenne. Dans la loge de Souvorine, il paraissait calme et résigné, comme d'habitude. Il y avait beaucoup de monde dans la salle. Le rideau se leva. Dès les premières répliques, Tchekhov sentit autour de lui cet air de malveillance qu'il avait respiré à plusieurs reprises depuis son retour de l'île Sakhaline, six ans auparavant. On entendait des murmures ; les gens bâillaient. Sur la scène, Nina, en robe blanche, récitait le monologue fameux :

« ... Hommes, lions, aigles et cailles, cerfs aux grandes cornes, oies, araignées, poissons silencieux... »

Quelqu'un rit.

— Cela sent le soufre, dit un des acteurs : il le faut ainsi ?

Encore un éclat de rire.

— Ce Tchekhov, vous voyez, vous le traitiez de génie ? murmura un spectateur à sa voisine.

— Moi ? Mais jamais de la vie !

Un écrivain obscur insinuait :

— Il n'a aucun talent, aucun...

— Il a voulu étonner, faire quelque chose de singulier, d'original, et voyez jusqu'à quelle stupidité il est arrivé !

La pièce, cependant, continuait. On faisait semblant d'écouter, puis on haussait les épaules, on riait de nouveau. Les amis de Tchekhov le cherchaient dans la salle, et lui, de la loge où il se trouvait, les entendait demander tout haut, d'un accent de pitié :

— Où est-il, le pauvre ?

Les critiques préparaient en esprit les phrases qu'ils écriraient le lendemain : « Un scandale sans précédent... Il y a longtemps que nous n'avons assisté à une chute aussi vertigineuse. Cette *Mouette*, c'est un phénomène pour une galerie de monstres. »

D'autres, plus modérés, se contentaient de faire remarquer avec satisfaction que la pièce était écrite en dépit de toutes les règles théâtrales : Tchekhov n'avait jamais su écrire pour le théâtre :

— *Ivanov*, vous vous rappelez ? Au fond, la première réaction du public était juste...

— Ah ! L'instinct du public, une grande chose...

D'ailleurs, même les nouvelles de Tchekhov n'étaient pas si bonnes qu'on le disait. Et cette *Mouette !*...

« La grenouille qui veut imiter le bœuf », murmura quelqu'un assez haut pour être entendu, et un critique, en souriant, nota cette phrase pour s'en servir dans son article du lendemain (ce critique s'appelait Sélivanov ; grâce au jugement porté par lui sur *la Mouette*, son nom, en Russie, lui survécut longtemps ; à chaque représentation triomphale de la pièce, dans les années qui suivirent, il se trouva quelqu'un pour rappeler les paroles du malheureux Sélivanov).

La salle semblait composée d'ennemis personnels de Tchekhov. Tous ceux qui le jalousaient, tous ceux à qui, sans le vouloir, il avait porté ombrage, ceux qui avaient dû céder la place dans un journal à un conte de Tchekhov, prenaient leur revanche. Et il fallait ajouter à cette foule ceux qui hurlaient avec les loups, ceux qui craignaient toutes les nouveautés en art et dans la vie, les imbéciles et les faux amis — beaucoup de monde.

Souvorine, furieux, songeait qu'il avait écrit son article à l'avance et escompté le succès. Maintenant, tout était à refaire. Qui aurait pu s'attendre à un tel échec ? La première représentation d'*Ivanov*, à Moscou, avait été un triomphe en comparaison de celle-ci. D'ailleurs, à la réflexion, le public n'avait pas tout à fait tort. La pièce était étrange. À la lecture, elle lui avait plu, mais il n'y avait pas d'action. Tchekhov n'écoutait jamais personne. Il s'en mordait les doigts, maintenant. Quel homme singulier... Il avait beaucoup d'amour-propre. Il n'écoutait pas les conseils ou les déclinait d'un air d'impatience. Était-il vrai que, depuis quelque temps, il penchait vers des idées libérales ? Certains l'assuraient... Tout était possible.

Tchekhov était assis derrière Souvorine dans l'obscurité de la loge. Mme Souvorine, avec cette habitude qu'ont les femmes de parler quand il vaudrait mieux se taire, murmurait des consolations à voix basse. À quoi bon consoler Tchekhov ? Il entendait le bruit, les cris, les rires et les coups de sifflet dans la salle bleu et or du théâtre. Kommisarjevskaïa elle-même jouait mal, lui semblait-il, elle que l'on ne pouvait écouter sans pleurer pendant les répétitions.

Le deuxième acte fut plus calme. Mais, au troisième, le public parut frappé de folie malfaisante. Doucement Tchekhov sortit de la loge.

À la fin du spectacle, Souvorine le chercha dans la salle et ne le trouva pas. À deux heures du matin, Marie Tchekhov, pâle, les yeux pleins de larmes, se rendit chez les Souvorine, disant qu'Anton n'était pas rentré, qu'elle craignait pour lui. Lui, cependant, marchait dans les rues de Pétersbourg, froides et humides. C'était l'automne. La première neige tombait à Mélikhovo. Pourquoi avait-il quitté la campagne ? Dès le lendemain il y retournerait ; il s'y enfermerait. L'échec le touchait moins que la pensée qu'il était trop vieux, trop fatigué, qu'il ne ferait plus rien de bon, qu'il avait trop écrit, que « la machine s'était faussée enfin... »

Peu à peu, il s'apaisa. Il rentra chez lui. Il était trois heures. Il prit un bain froid et il se coucha. Il dormait encore lorsque Souvorine, inquiet, pénétra dans la chambre. Il voulut allumer. Tchekhov, de son lit, lui cria :

— Je vous en supplie ! N'allumez pas ! Je ne veux voir personne. Je veux vous dire seulement ceci : que l'on m'appelle un... si jamais j'écris encore pour le théâtre.

Il partit pour Mélikhovo. La seconde représentation de *la Mouette* eut du succès. Mais le mal était fait : on avait lu les articles malveillants des critiques. On joua la pièce cinq fois et elle termina ainsi sa carrière à Saint-Pétersbourg.

Un peu plus tard, Tchekhov la fit éditer. Tolstoï la lut et s'exprima en ces termes :

— Elle ne vaut absolument rien : elle est écrite comme les drames d'Ibsen.

— Vous savez que je n'aime pas Shakespeare, disait-il en souriant à Tchekhov lui-même, mais votre théâtre, chez Anton Pavlovitch, est encore pire que le sien.

XXVIII

À la campagne, Tchekhov soignait les paysans, s'occupait d'eux, organisait des écoles, améliorait les routes. Mais, en Russie, un homme intelligent ne pouvait se sentir satisfait de son activité, si grande, si bienfaisante fût-elle. Le pays était trop vaste, la misère trop profonde. Cela décourageait la patience humaine. À quoi bon panser et laver une égratignure sur un corps couvert de plaies mortelles ? On sauvait quelques dizaines d'êtres humains et des milliers mouraient. Que signifiait une route dans l'immense empire ? Une école pour un peuple sauvage ? La politique compliquait toutes choses. Pendant la famine qui revenait en Russie tous les cinq ou six ans, précédant le choléra, les riches refusaient leur argent parce que des rumeurs plus ou moins fantaisistes circulaient parmi eux sur la mauvaise gestion des fonds de bienfaisance. On assurait même que la Croix-Rouge volait les sommes qui lui étaient confiées. D'autre part, le gouvernement empêchait les initiatives venant de particuliers. Tchekhov tenta en vain de former une sorte de comité de secours. Il se heurtait à la mauvaise volonté des uns, à la méfiance des autres. Le gouvernement finit par interdire toute action privée. De nouveau, un sentiment de tristesse, d'irritation, de fatigue, s'emparait de

Tchekhov, comme après son voyage à l'île Sakhaline. De plus, son mal empirait.

En 1897, il se trouvait pour quelques jours à Moscou. On était en mars, Souvorine invita Anton Pavlovitch à dîner, mais à peine arrivé au restaurant, Tchekhov se sentit mal : il commença à cracher le sang. Il demanda de la glace, essaya d'en sucer quelques morceaux, mais le sang ne s'arrêtait pas, « ce sang rouge et menaçant comme une flamme ».

Ses amis, consternés, l'entouraient. Ce ne serait rien, disaient-ils. La gorge seule était malade, affirmait Souvorine, mais Tchekhov savait maintenant que le sang coulait du poumon droit. Il se rappelait la mort de Nicolas. Cette vérité qu'il avait entrevue, puis cessé de voir, voici qu'elle apparaissait de nouveau, « ... cruelle, affreuse... Si, après la mort, l'individu disparaît, la vie n'existe pas. Je ne peux me consoler à la pensée que je me confondrai avec les soupirs et les tourments d'une vie universelle, dont le but m'est inconnu... Il est terrible de devenir rien. On te portera au cimetière, puis les gens rentreront chez eux et boiront du thé... C'est dégoûtant de penser à cela ».

Cependant l'hémoptysie ne s'arrêtait pas. À la maison, il se sentit mieux, puis, au bout de quelques heures, le sang recommença à couler. On dut transporter Tchekhov dans une clinique de Moscou. Quand la fièvre baissait et que l'hémorragie s'arrêtait, il essayait de plaisanter selon son habitude, mais les médecins le faisaient taire ; il demeurait étendu, sans parler, les mains croisées derrière la nuque, extrêmement pâle. On lui portait des fleurs, et les écrivains débutants y ajoutaient leurs manuscrits, demandant des avis, des corrections. Puisqu'il était malade, n'est-ce pas, et qu'il ne pouvait écrire, autant valait en profiter...

Il ne se plaignait pas. Jamais, ni alors, ni plus tard, il

ne chercha à attirer l'attention sur lui, à inspirer la pitié. Quand on lui demandait comment il se sentait, il répondait : « Pas mal », et changeait de conversation. S'ennuyait-il à l'hôpital ?

— Mais non, vous savez, disait-il, j'y suis presque habitué.

Pour le distraire, on lui donnait des nouvelles du dehors. C'était le printemps. La glace se brisait.

— Quand on soigne un paysan tuberculeux, dit-il à Souvorine, il répond : rien ne me guérira, je m'en irai avec les eaux printanières.

Mais le printemps passa et il se crut guéri. Les médecins conseillaient un changement d'air. Il partit pour Biarritz, d'où la mauvaise saison le chassa, puis il se rendit à Nice. Il se réjouissait de ce voyage, quoique son ignorance des langues étrangères fût pour lui une gêne. « Lorsque, à l'étranger, je parle allemand ou français, les conducteurs de tramways se moquent de moi et, à Paris, pour aller d'une gare à une autre, c'est comme un jeu de colin-maillard. » Mais il se plut en France, pour commencer. Il passa tout l'hiver à Nice. Cet homme malade, fatigué, mélancolique, aimait la vie, cependant, comme il faut l'aimer, pour les petites et passagères joies qu'elle donne. Le beau temps, « la mer touchante, caressante » de Nice, de nouvelles figures, les mœurs de l'étranger (« il nous faudrait vivre ici pour apprendre la politesse et la délicatesse. La femme de chambre sourit comme une duchesse sur la scène — et on voit en même temps sur son visage qu'elle est fatiguée par son travail. Entrant dans un compartiment de chemin de fer, il faut saluer... Même aux mendiants, il faut dire « monsieur, madame »), le carnaval, les livres français, jusqu'aux almanachs qu'il lisait avec délices, tout l'intéressait. Il se passionnait pour Dreyfus, et de ce temps-là date sa froideur à l'égard de Souvorine qui était, lui, réactionnaire et antidreyfusard. Il avait la plus grande sympathie pour la France et semblait la comprendre et sentir ses vertus mieux que ne le faisaient la plupart des Européens. « Comme il souffre, comme il paie pour tous, ce peuple qui va au-devant des autres et qui donne le ton à la culture européenne ! »

Malgré tout, il ne pouvait supporter longtemps même le plus doux des exils : la Russie lui manquait. En octobre 1898, son père mourut ; la maison à la campagne fut vendue et Tchekhov alla vivre en Crimée, à Yalta.

XXIX

« Je vis comme un moine », plaisantait Tchekhov. En réalité, il était le plus humain des hommes, et la beauté des femmes ne lui inspirait pas du tout les mêmes sentiments de désir, de scandale et de haine qu'à Tolstoï. Mais, beaucoup plus normalement et simplement, il jouissait des femmes et de l'amour, ainsi que le fait le commun des mortels. Cependant, durant toute sa jeunesse, il se garda comme du feu d'un véritable attachement. Aventures brèves et légères, amitiés amoureuses, camaraderie tendre, voici quel était le *ton* de sa vie sentimentale. « Je voudrais bien être amoureux, disait-il parfois, on s'ennuie sans un véritable amour. » Il plaisait aux femmes. Elles étaient attirées par son esprit, son humour, sa faiblesse, cette mélancolie sereine qu'elles devinaient en lui ; mais dès que le jeu allait trop loin, dès que Tchekhov sentait qu'on lui demandait tout son cœur, toute son existence, il se dérobait, avec tant de gentillesse, d'ailleurs, qu'il était impossible de lui en vouloir, et l'amoureuse déçue se transformait (plus ou moins douloureusement) en amie.

Il se savait malade ; il était chargé de famille ; il avait peu d'argent ; il se croyait vieux, fini à moins de quarante ans. Que ferait une femme auprès de lui, sans cesse ?

« Je veux bien me marier, écrivait-il d'un ton mi-iro-
nique, mi-sérieux, mais donnez-moi une épouse qui,
ainsi que la lune, ne soit pas toujours à mon horizon.
Elle a Moscou, moi, à la campagne... »

Peut-être, les femmes qui l'entouraient lui faisaient-
elles un peu peur. Elles étaient cultivées, délicieuses,
raffinées, mais c'était la mode en ce temps-là d'être
incomprise, mécontente de soi-même et de la vie, de
désirer quelque chose, d'attendre quelque chose, de
soupirer, de regretter... Sans doute, certaines étaient
sincères, mais cet état d'âme, pour beaucoup, était une
pose, et Tchekhov ne pouvait le prendre au sérieux.
Dès qu'une jeune femme faisait mine de parler « à la
Tchekhov », de jouer, au naturel, le rôle de la Mouette,
l'écrivain devenait réticent, ironique et d'une froideur
étrange.

Les femmes ne comprennent pas à quel point le
désir de l'homme est simple (ou, si elles le comprennent, c'est trop tard : leur jeunesse est passée). Il leur
demandait d'être belles, aimables et gaies, de lui donner un peu de leur cœur, de ne pas trop exiger en
échange, mais elles étaient dangereusement prêtes au
sacrifice, comme Nina de *la Mouette*, comme toutes
ses héroïnes et, homme sage et prudent, il les fuyait.

Kommisarjevskaïa, la grande artiste, qui avait créé le
rôle de la Mouette, fut une de ces femmes qu'il attira,
puis repoussa ainsi, presque sans le vouloir.

Elle était de petite taille ; elle avait de grands yeux
sombres, une voix extraordinairement musicale, un
mince visage inspiré. Elle ne voyait dans le théâtre ni
un métier ni une carrière, mais quelque chose de semblable à un apostolat. Les femmes de ce type étaient
nombreuses en Russie ; elles allaient à la scène comme
d'autres allaient au peuple, comme on va au cloître.
L'art, pour elles, était un dieu dévorant auquel il fallait

vouer sa vie. En 1903, Kommisarjevskaïa devait repré-
senter Monna Vanna ; elle écrivait : « Il me semble que
je ne peux pas la jouer — je ne pourrai pas la sentir
comme il faut : je suis trop sur la terre, plongée dans
des mesquineries... »

Et de Moscou, à la veille de lire *Manfred* :

— Et me voilà ici — malade, sans voix, les yeux
éteints et entravée par le sentiment qu'il m'est impossible de m'élever, ne fût-ce que d'un échelon, jusqu'à
l'inspiration. Et j'aurai peut-être du succès, et le public
pensera que c'est moi, ne se doutant pas que c'est un
art automatique. Il me faut m'élever très haut maintenant, pour me trouver... » Il nous est difficile
aujourd'hui de comprendre ce goût sincère et brûlant
pour le théâtre et le prestige dont il jouissait auprès
des masses.

En Occident aussi, certes, les grands acteurs étaient
adorés, admirés, mais en Russie cette vénération avait
un caractère à la fois plus pur et plus sauvage. En Occident, les meilleurs acteurs servaient leur art, leur
métier, leur public. En Russie, c'était quelque chose
de plus grand encore qu'ils recherchaient : cette sorte
de vérité qui fut également le rêve suprême de Tolstoï,
de Tchekhov, des plus grands — une vérité à la fois
éthique, sociale, artistique, presque une religion. Naturellement, cela n'empêchait ni les intrigues ni le cabotinage, mais le théâtre, dans son ensemble, était
rehaussé par cet idéalisme. Les acteurs gagnaient peu
d'argent : dans sa jeunesse, en province, Kommisarjevskaïa était payée 150 roubles par mois. Au Théâtre
Artistique de Moscou, un artiste comme Moskvine
touchait 100 roubles par mois, Knipper 75, Meyerhold
75. Mais aussi on ne peut appeler simplement succès
ce que leur donnait le public en échange de leurs
efforts, de leur longue patience : c'était de l'amour.

Cela ne pouvait se comparer même aux triomphes de Sarah Bernhardt, car les spectateurs, en Europe, étaient différents : plus raffinés, moins naïfs que le public russe. On retrouve, dans de vieux journaux du XIXᵉ siècle, le récit d'une représentation donnée par Kommisarjevskaïa. Elle fut rappelée une cinquantaine de fois. On pleurait ; on lui jetait des fleurs ; on ne voulait pas la laisser partir. Elle revint saluer, déjà habillée pour la ville, en chapeau, en manteau, et des cris d'adoration résonnaient encore : « Ne vous en allez pas ! Restez avec nous ! Demeurez avec nous ! » Elle, alors tremblante, en larmes, murmura : « Je suis vôtre. » Elle paraissait prête à s'évanouir. Elle sanglotait. Dans la salle, des femmes s'évanouissaient.

Le spectateur européen eût peut-être soupçonné une pointe de cabotinage dans les paroles de l'actrice et de l'hystérie collective dans la salle. Mais il n'en était pas ainsi ; c'était une absolue sincérité de part et d'autre, une communion parfaite des âmes et le désir de quelque chose d'idéal, d'inaccessible qui n'avait de nom en aucune langue. Kommisarjevskaïa, plus que toutes les autres actrices de son temps, excitait ces sentiments d'exaltation et de tendresse dans les cœurs de ceux qui l'applaudissaient.

Mais, malgré ses triomphes, elle n'était pas heureuse. C'était une nature inquiète, maladive, nerveuse. Elle doutait sans cesse d'elle-même ; le moindre échec dans la vie ou sur la scène suffisait à l'abattre. Il y avait une extraordinaire ressemblance physique entre elle et cette Mouette imaginée par Tchekhov ; la petite femme, frémissante, pâle, au visage tragique et enfantin, aux grands yeux, semblait prédestinée au rôle de Nina. Et, par une curieuse coïncidence, la vie imaginaire de l'actrice Nina et la vie réelle de l'actrice Véra Kommisarjevskaïa se ressemblaient.

Véra Feodorovna avait été malheureuse dans sa jeunesse. Mariée à dix-neuf ans, elle avait été presque aussitôt odieusement trompée : sa propre sœur était devenue la maîtresse de son mari. Pour l'enfant qui allait naître de cet adultère, Véra Kommisarjevskaïa consentit au divorce ; de nature chevaleresque, romantique, triste et ardente, cherchant l'excès en toutes choses, elle prit tous les torts sur elle et, ensuite, elle crut mourir de douleur. Huit ans après ce drame seulement, elle entra au théâtre ; elle avait vingt-neuf ans, un âge où les actrices russes étaient déjà parvenues au milieu de leur carrière.

Après avoir joué sur des scènes de province, elle fut admise au théâtre Alexandra, à Saint-Pétersbourg. Elle était timide, sensible ; les théâtres impériaux étaient régis d'une manière froide, impersonnelle. D'ailleurs, le répertoire, la mise en scène, le jeu des acteurs, tout' y était vieux, mort ; Kommisarjevskaïa fut accueillie avec méfiance par les acteurs et le public. Elle joua deux mois à peine ; elle ne connut qu'un seul succès, dans une pièce d'Ostrovski, et on lui proposa le rôle de Nina dans *la Mouette* de Tchekhov. Elle lut la pièce un soir, avec une profonde émotion, et accepta de l'interpréter, mais, intérieurement, elle tremblait : elle redoutait un échec.

La Mouette était un drame écrit d'une manière tout à fait particulière, tout à fait nouvelle pour l'époque ; la mise en scène eût dû être nouvelle également. Ici, il ne fallait ni tirades, ni grands gestes, ni cris de passion, mais des silences, de la pudeur, un ton mélancolique et tendre. Une pièce de ce genre ne se contentait pas de vedettes ; elle exigeait tout un ensemble parfait, une révolution dans l'art théâtral qui ne devait venir que deux ans plus tard, avec Stanislavski, Némirovitch-Dantchenko et le Théâtre Artistique de Moscou. On sait qu'elle connut le plus cruel, le plus immérité des insuccès. Véra Feodorovna avait travaillé de tout son cœur ; la Mouette, c'était un peu elle-même. Un bon acteur se confond toujours avec le rôle qu'il interprète. Ici, il y avait quelque chose de plus, une véritable fraternité d'âmes. Mais ce fut l'échec, une profonde humiliation pour l'auteur, une grande douleur pour l'actrice.

En sortant de scène elle pleurait et, en rentrant chez elle, elle sanglota dans les bras de sa mère, « pleurant, dit cette dernière, sur Tchekhov, sur *la Mouette*, sur elle-même ».

Elle apprit quelques mois plus tard la grave maladie d'Anton Pavlovitch. Elle lui écrivit. « Faites pour moi ce que je vous demande. C'est fou d'écrire : « Pour moi » ! mais vous devez sentir comment je vous le demande ! À Rostov-sur-le-Don, il y a un docteur Vassiliev. Vous devez partir là-bas vous soigner chez lui : il vous guérira. Faites-le ! Faites-le ! Je ne sais comment vous le demander ! Que Dieu vous garde ! » (*1898*.)

Que peut répondre un homme à une lettre pareille ? Tchekhov fut très courtois, très doux, reconnaissant, répondit qu'il la remerciait beaucoup, qu'elle était très bonne, qu'il ne manquerait pas de suivre son conseil. Naturellement, il n'en fit rien.

Elle vint le voir en Crimée, quelques années plus tard, au cours d'une tournée. Elle lui avait envoyé son portrait ; elle y avait joint ces quelques lignes (une phrase que prononce Nina dans *la Mouette*) : « Que tout était bon autrefois... Quelle vie claire, chaude, joyeuse, pure, quels sentiments semblables à de tendres, de gracieuses fleurs... »

À Pétersbourg, pendant les répétitions de *la Mouette*, dans les sombres coulisses du théâtre Alexan-

dra, un jour Anton Pavlovitch s'était approché d'elle,
l'avait regardée et avait dit :

« Ma Nina avait des yeux comme les vôtres. »

Puis, il l'avait quittée. Quelle douceur, ces quelques
mots... « pareils à de tendres, à de gracieuses fleurs... »
Elle avait eu une vie sentimentale si amère, si tourmentée, et lui... il n'avait jamais été heureux... Elle
avait pitié de lui ; il était souffrant, faible ; il était seul ;
elle lui était reconnaissante d'avoir créé cette légende,
cette Mouette qui n'était pas elle-même, mais qui lui
ressemblait comme une sœur. Le succès grossier,
matériel lui était indifférent ; elle voulait faire vivre
éternellement une image qui lui appartenait un peu, à
elle aussi, croyait-elle. Et voici que par sa faute — car
elle n'en pouvait douter, elle était si nerveuse, si insta-
ble, si douloureusement timide, — par sa faute la
pièce était tombée. Elle n'en souffrait pas dans son
amour-propre, mais dans son cœur. Elle pressentait
que Tchekhov ne lui pardonnerait jamais, ou, plutôt, il
ne s'agissait pas de pardon : il n'oublierait pas, tout
simplement ; entre eux, le souvenir affreux de cette
soirée ne s'effacerait pas.

Maintenant, à Goursouf, ils se revoyaient comme
des étrangers. Ils n'étaient que des étrangers l'un pour
l'autre. Il n'y avait rien eu entre eux. Cependant...

La petite femme aux grands yeux, si simplement
vêtue, et l'homme vieillissant au visage fatigué, avec sa
petite barbe pâle et son lorgnon de maître d'école
(l'écrivain fameux, l'actrice adorée par le pays entier)
marchaient doucement au bord de la mer, sur une
plage de Crimée. Il devait partir le lendemain. Elle lui
dit :

— Non, ne partez pas.

Il demanda :

— Récitez-moi quelque chose.

C'était le soir. Il l'écouta longtemps. La tempête
soufflait. Elle ne savait plus si elle était Nina, la triste
amoureuse délaissée, ou Véra, la grande artiste. Mais
Tchekhov, lui, se souvenait parfaitement de la réalité
et qu'il devait la quitter le lendemain (il y avait alors
dans sa vie une autre femme : Véra ne le savait pas).

Elle dit encore :

— Restez.

La nuit passait. Ils se taisaient, puis elle récitait le
monologue de Nina, des vers de Pouchkine, les plus
belles pages de son répertoire, pour lui seul, de cette
voix profonde et pure que l'on ne pouvait entendre
sans pleurer.

Enfin, il murmura en lui baisant les mains :

— Je ne partirai pas.

Mais le lendemain, il partit. Elle lui écrivit alors ces
quelques mots si pathétiques, si ironiques pour nous
qui savons qu'il était amoureux d'une autre :

« À Goursouf... j'avais tellement pitié de vous, pitié
jusqu'à la tristesse... »

Elle lui avait demandé son portrait. Il l'offrit à
« Véra Feodorovna Kommisarjevskaïa, le 3 août, un
jour de tempête, au bruit de la mer, de la part du
calme Anton Tchekhov ».

Calme... Ce n'était pas ce qu'elle avait espéré, sans
doute. Elle lui envoya un télégramme quatre jours plus
tard, le 7 août : « Je vous ai attendu deux jours. Nous
partons demain en bateau pour Yalta. Votre manque
de perspicacité m'attriste. Vous trouverai-je ? Répondez. »

Il répondit (et elle dut comprendre alors qu'il était
perspicace, trop peut-être...) :

« À Yalta, il fait froid, la mer est méchante. Soyez
en bonne santé. Soyez heureuse. Que Dieu vous garde.
Ne vous fâchez pas contre moi. »

Mais elle ne pouvait imaginer que « le calme Tchekhov » pût penser à une autre. Elle se consolait, sans
doute, en songeant qu'il était triste, timide, seul. Elle
ne demandait plus rien. Elle offrait tout, son amitié à
défaut de son amour.

« Je ne suis pas fâchée. Mais lorsque je pense à votre
vie, à ce qu'elle est maintenant, mon cœur se serre. »

N'importe quelle femme se fût sentie blessée dans
son orgueil, dans cet « honneur » féminin qui
n'accepte pas la défaite. Mais elle est sincère, elle ne lui
en veut pas. Elle lui garde une curieuse, une touchante
tendresse. Trois ans plus tard, Tchekhov est marié.
Véra s'adresse de nouveau à lui pour lui demander la
permission de monter *la Cerisaie,* car elle a « fondé
son propre théâtre ».

Tchekhov refuse. « Ce théâtre, écrit-il à sa femme,
ne durera pas un mois. » Il se trompait. Il dura cinq
ans.

Puis, ils ne se revirent plus. Il mourut, et elle conti-
nua son existence tourmentée, étrange. Elle connut
d'autres amours, aussi romantiques que celui qu'elle
avait éprouvé pour Tchekhov, mais où les partenaires
devaient se montrer plus perspicaces ; des triomphes,
de grandes joies d'artiste, et toujours cette inquiétude,
cette insatisfaction, cette angoisse qui ne la quittaient
pas. Toute la Russie l'appelait « la Mouette ». Et elle
ressemblait vraiment à un oiseau blessé qui vole de
place en place sans trouver de repos.

Elle avait quarante-sept ans maintenant. Elle jouait
en province, sur les confins de l'empire, en Asie. Elle
répétait *la Mouette,* son rôle préféré. Elle entra au
bazar de Samarkande ; elle s'amusa à choisir des vieux
tapis, des étoffes. Quelque temps après, elle se sentit
mal, elle avait contracté la terrible maladie, épidémi-
que en Russie d'Asie : la petite vérole. Elle fut malade

pendant quelques jours ; le pays attendait anxieusement des nouvelles. Un matin, elle se réveilla heureuse, se sentant presque guérie : elle avait « fait un
rêve merveilleux » ; elle avait vu Tchekhov en songe ;
elle lui avait parlé. Quarante-huit heures après, elle
était morte.

Aucun écrivain, aucun artiste, aucun homme politique russe n'eut de telles funérailles. Le corps fragile fut
ramené de Tachkent à Pétersbourg, d'Asie en Europe,
et à chaque gare, à chaque village, la population
entière venait à sa rencontre. Le peuple russe en
larmes lui disait adieu.

XXX

Dans une salle froide, humide, sur une estrade mal
éclairée, une troupe de jeunes acteurs jouait devant
Tchekhov. Une compagnie théâtrale venait d'être fon-
dée à Moscou par des régisseurs, des musiciens, des
peintres, des artistes de talent. L'école dramatique de
Némirovitch-Dantchenko et la Société d'art et de la
littérature, créée par Stanislavski, s'étaient réunies, et
elles allaient former le Théâtre Artistique de Moscou,
qui ne ressemblait à aucun autre.

Pour le moment, le théâtre lui-même n'était pas
prêt encore : il n'y avait pas d'argent. On répétait
comme on pouvait. Ce soir d'automne on jouait dans
une salle inachevée de l'Ermitage, glaciale et si sombre
que l'on ne voyait ni le plafond, ni les murs, mais de
tristes, d'immenses ombres rampantes. Les voix dans
cet espace avaient une résonance étrange et sourde ; la
rampe n'existait pas ; elle était remplacée par un rang
de bougies fichées dans des goulots de bouteilles.
Dehors, il pleuvait. Tchekhov, un pardessus sur les
épaules, tremblant de froid, pinçant doucement, du
geste qui lui était familier, sa barbe fine, écoutait les
acteurs. Quelques jours auparavant on avait répété *la
Mouette*, que Némirovitch-Dantchenko désirait monter au début de la saison. Tchekhov avait longtemps
hésité à donner son consentement : l'échec du théâtre

Alexandra n'était pas oublié encore. Mais deux ans avaient passé. Il avait été si dangereusement malade que certaines choses ne pouvaient plus avoir la même importance qu'autrefois, ni cette douloureuse acuité... D'ailleurs, il n'avait jamais su dire non. On jouerait donc *la Mouette* cet hiver à Moscou, mais l'auteur ne la verrait pas : le temps était pluvieux, il toussait ; il allait repartir pour le Sud, dans cette Yalta où il se sentait en exil, et qu'il appelait « sa chaude Sibérie ». Cela valait mieux, peut-être... Il avait gardé un souvenir affreux de certaines représentations de ses pièces. Il frémissait encore en se rappelant la première d'*Ivanov* ou cette pauvre *Mouette*... « Il n'avait pas de chance au théâtre. »

Savait-il que sa sœur Marie était venue trouver Stanislavski, le suppliant, « presque avec des larmes », de renoncer à son projet, de chercher autre chose ?

— Il ne faut pas risquer un second échec, avait-elle dit, il est si malade... Cela le tuerait.

D'ailleurs, cette répétition de *la Mouette* avait déplu à Tchekhov ; la jeune fille qui jouait le rôle de Nina criait, sanglotait aux moments où il fallait se taire et soupirer à peine. Elle n'avait pas la divine simplicité de Véra Kommisarjevskaïa. Et Stanislavski accordait trop d'importance à la mise en scène... On entendait les grenouilles coasser, des chiens aboyer, des grelots sonner... À quoi bon tout cela ? Enfin, lorsque Tchekhov était apparu, ces acteurs l'avaient entouré, regardé comme un oracle. Il se sentait timide devant eux. La première répétition de *la Mouette*, le 9 septembre 1898, lui avait laissé une impression désagréable d'inquiétude et de gêne.

Ce soir, ce n'était pas sa propre pièce qu'il écoutait. On jouait *le Tsar Fédor*, un drame d'Alexis Tolstoï. Il regardait et écoutait avec plaisir. Ces acteurs avaient du talent. Les femmes étaient jolies. L'une d'elles lui plaisait surtout. Elle interprétait le rôle de la tsarine Irène. Elle avait un visage expressif, une belle voix, « de la noblesse et du cœur ». Elle s'appelait Olga Knipper. Ce visage pétri d'intelligence, aux lèvres minces, il l'avait aperçu quelques jours auparavant, pendant la répétition de *la Mouette*; elle jouait le rôle de l'actrice Arkadina, une femme légère, coquette, vaniteuse, mais, par moment, tendre et triste; elle le jouait très bien. Ce soir, elle était admirable. Parfois, il se sentait la gorge serrée en l'écoutant.

On lui demanda ce qu'il pensait de la pièce : c'était très bien... Irène lui plaisait plus que les autres, dit-il. Il ajouta en souriant que s'il devait rester à Moscou, il serait sûrement amoureux de cette Irène... Mais il partait le lendemain.

« Irène », la jeune actrice Olga Léonardovna Knipper, avait, elle aussi, éprouvé une grande émotion en voyant Tchekhov. C'était une fille volontaire, intelligente; elle avait du talent; elle aimait son métier. Sa carrière commençait seulement. Elle était de bonne famille. Son père était un brillant ingénieur, originaire d'une province du Rhin. La jeune Olga n'avait pas été destinée à la scène. Son père, toutefois, était mort de bonne heure, ne laissant que des dettes. La famille avait dû se tirer d'affaire comme elle pouvait. La mère, deux oncles et les enfants vivaient ensemble, dans un petit appartement de Moscou. La mère, une femme énergique et charmante, enseignait le chant; l'un des oncles était médecin, l'autre officier. Tous étaient doués, gais, vivants. Gorki, qui devait les connaître quelques années plus tard, les appelle dans sa correspondance, « la folle famille Knipper ». Ils étaient vifs, emportés; les oncles se querellaient sans cesse. Les repas étaient joyeux et bruyants. Les enfants chantaient, déclamaient. Olga Léonardovna avait commencé par donner des leçons de musique, puis elle était entrée à l'école dramatique de Némiro-vitch-Dantchenko, et maintenant elle faisait partie de cette jeune troupe théâtrale, dont on attendait tant de merveilles.

Dans le petit logement de Moscou, elle répétait ses rôles, tandis que, dans la pièce voisine, les élèves de sa mère chantaient, «hurlaient», disait-elle. Le soir, un des oncles lisait à haute voix Tolstoï, Dostoïevski, Tchekhov. Et voici que cet Anton Tchekhov était apparu devant elle en chair et en os ; voici que d'elle-même, de son jeu à elle, l'obscure Olga Knipper, dépendait le repos, le bonheur de l'écrivain. C'était émouvant, étrange. Sans doute aussi quelqu'un lui dit-il que Tchekhov l'avait admirée. Elle l'aima pres-que tout de suite.

La première représentation de *la Mouette*, au Théâ-tre Artistique de Moscou, eut lieu le 17 décembre 1898. Olga, ce jour-là, avait une violente bronchite, avec 39° de fièvre. Elle joua malgré tout. Il y avait peu de monde. Les acteurs sentaient peser sur leurs épaules une terrible responsabilité. Après le premier acte, la salle se taisait dans «un silence de tombeau». Une des actrices tomba évanouie «et moi-même, écrit Stanislavski, je me tenais à peine debout».

On sait qu'à la fin ce fut un triomphe.

Au printemps de l'année 1899, Anton Pavlovitch revint à Moscou. On joua *la Mouette* pour lui seul. Il faisait un temps merveilleux. Olga Knipper avait fait la connaissance de Marie Tchekhov l'hiver précédent, et les deux femmes s'étaient liées d'une grande amitié. L'actrice fut invitée pour quelques jours à Mélikhovo, à la campagne. Tchekhov témoignait à la jeune fille

cette tendresse moqueuse qui plaisait tant aux
femmes, et elle... elle attendait, espérait, aimait.

Une rivale de Véra Kommisarjevskaïa avait donné à
la grande et malheureuse artiste le cruel surnom de
« modiste inspirée », et il y avait un fond de vérité
dans cette boutade spirituelle et méchante. Tout autre
était Olga Knipper. Elle était moins géniale que Véra,
mais plus intelligente. Surtout, c'était une créature
vivante et énergique, et le tendre Tchekhov trouvait en
elle une force combative, une ardeur, un amour de
l'existence qui lui plaisaient. Elle était gaie ; elle savait
le distraire. Elle lui parlait de ses camarades, de ses toilettes, de « la salade qu'elle venait de manger, faite de
pommes de terre, de concombres, de harengs, d'oi-
gnons d'Espagne et de veau », et pas seulement d'art et
de théâtre. Elle ne l'interrogeait pas uniquement sur
ses projets littéraires, mais elle demandait si on avait
bien brossé ses habits, s'il mangeait avec appétit et
comment poussaient, dans le jardin de Yalta, les
jeunes arbres et les fleurs. Elle le faisait rire. D'ailleurs,
elle ne trouva pas tout de suite le *ton* qui convenait à
leurs relations. Au début d'un amour, la femme
cherche toujours, plus ou moins consciemment, à se
modeler selon le désir de l'homme qu'elle aime. Elle
essaye des états d'âme différents, comme des chapeaux
devant une glace, jusqu'à ce que la voix de l'amant
prononce :

— Celui-là te va bien. Garde-le.

Olga Knipper se montrait tour à tour coquette,
rêveuse, mélancolique, insatisfaite. Elle comprit assez
vite, heureusement pour elle, que Tchekhov ne
demandait pas une seconde Mouette, mais une femme
amoureuse.

Et elle-même, tout en continuant à admirer avec

passion l'écrivain, s'attachait surtout à l'homme malade
et seul.

Elle vécut quelques jours à Yalta et vit qu'Anton
Pavlovitch avait une existence inconfortable et triste,
qu'il se nourrissait mal, que ses domestiques étaient
négligents, que ses bottes n'étaient pas cirées, que les
visites dérangeaient son travail et qu'il n'avait pas le
courage de condamner sa porte. Enfin, elle comprit
qu'il lui fallait une femme. Malheureusement, la
jeune fille s'aperçoit toujours la première de ces
choses-là; l'homme, bien plus tard, et, parfois,
jamais.

Ensemble, l'écrivain et l'actrice partirent pour Moscou. Jusqu'à Bakhtchissaraï il fallut faire la route en
voiture. C'était le mois d'août, une belle saison en
Crimée. Le pays est admirable et sauvage. C'est un
mélange de Riviera et d'Asie. Des villas blanches,
toutes neuves, sont bâties entre des champs de roses,
de cyprès, des cimetières musulmans abandonnés.
On voit des villages tartares aux toits plats au bord de
la mer, puis, de grands hôtels modernes, surgis dans
la solitude, entre une porte tartare et une mosquée;
les fruits sont magnifiques, l'air pur et léger. Sur l'eau
brillent, le soir, les feux des navires. La Crimée est
inoubliable. Tchekhov et Olga Knipper traversèrent
la vallée du Cocooz, vallée profonde, à l'ombre bleue
(Cocooz signifie « œil bleu » en langue tartare). Ils
parlaient doucement, se taisaient; l'écrivain plaisantait, selon son habitude. La jeune femme était tendre
et émue. Ils échangèrent un baiser, pas davantage.

Il ne resta pas longtemps à Moscou : il se sentit mal,
dut repartir. Au printemps, la troupe du Théâtre Artistique vint donner en Crimée quelques représentations
triomphales. Que Tchekhov aimait cette vie, ces longues conversations, ces promenades au bord de l'eau,

ces fêtes dans les jardins, la compagnie des hommes intelligents, des jeunes femmes gracieuses ! Qu'il aimait le théâtre !... Olga personnifiait pour lui cette existence brillante et libre, dont il était exclu. De nouveau il voulut quitter Yalta. Il se sentait bien, rajeuni, presque guéri. De nouveau il ne put demeurer à Moscou plus de quelques jours.

XXXI

Le Théâtre Artistique, cependant, connaissait un succès inouï. Au début de la saison d'hiver, en 1899, le public attendait dans la rue, dès une heure du matin, l'ouverture des guichets. Le premier jour, il y eut une queue de 2 500 personnes et on vendit seize carnets de billets. À Moscou, on ne parlait que de ces spectacles. On jouait Shakespeare, *le Tsar Fédor, la Mort d'Ivan le Terrible,* d'Alexis Tolstoï : *la Mouette,* de Tchekhov, et sa nouvelle pièce, *Oncle Vania,* où Olga Knipper interprétait le rôle d'Hélène.

Oncle Vania avait déjà été représenté en province, avec un certain succès. Maintenant, à Moscou, c'était un triomphe. Gorki, après l'avoir vu, écrivait : « Je pleurais comme une femme, quoique je ne sois pas un homme nerveux. »

Tchekhov, à Yalta, devait se contenter de lire des critiques de sa pièce, d'attendre des lettres qui ne venaient pas toujours, de penser à cette jeune artiste lointaine. Elle avait une existence si heureuse... Que lui était Tchekhov, à présent ?

« Cette nuit, il y a eu un incendie. Je me suis levé. De la terrasse j'ai regardé les flammes et je me suis senti terriblement seul. » (*29 septembre 1899.*)

« Je suis en colère. J'envie le rat qui est sous le plancher de votre théâtre. » (*4 octobre 1899.*)

Elle, alors, se demandait avec angoisse si c'était la scène ou la femme qu'il regrettait ainsi. Du moins, au théâtre, elle avait la conscience de le servir de son mieux. La veille du nouvel an, après le quatrième acte de *l'Oncle Vania*, dans la salle comble une voix retentit. Un inconnu disait :

— Nous voulons vous remercier de tout notre cœur, de la part du public de Moscou, pour tout ce que nous avons senti et vécu dans votre théâtre...

« Nous étions touchés et confus », écrit Olga Knipper.

Certes, Tchekhov, admirait l'artiste, elle le savait, elle en était sûre. Mais elle désirait autre chose. Quelqu'un lui dit qu'Anton Pavlovitch partait pour l'étranger. Elle écrivit :

« Cela ne peut être, vous entendez ?... »

L'avait-il oubliée ?

« Non, non, c'est impossible. Je ne veux pas. Pour l'amour de Dieu, écrivez, j'attends, j'attends !... »

Mais tout était indéterminé entre eux, étrange. Un baiser, quelques tendres paroles, puis une sorte d'aimable camaraderie qui la laissait insatisfaite.

« Pourquoi êtes-vous de mauvaise humeur ? répondait Tchekhov à ses plaintes. Vous vivez, vous travaillez, vous espérez... vous riez... que vous faut-il encore ? Moi, c'est autre chose. Je suis arraché du sol. Je ne vis pas pleinement ; je ne bois pas, quoique j'aime boire. J'aime le bruit et je n'en entends pas. En un mot, je me trouve à présent dans la situation d'un arbre transplanté qui hésite : va-t-il s'acclimater ou se dessécher ? » (*10 février 1900.*)

Elle s'irritait enfin. Pourquoi ne voulait-il pas la comprendre ? « Que vous faut-il encore ? » Voilà bien une question d'homme ! « Sans doute l'homme lui-même ne manque pas de coquetterie », écrivait-elle,

mais, de nouveau, il répondait sur un ton de plaisanterie mélancolique, et elle se sentait découragée.

« Autour de moi, on parle de votre nouvelle pièce,
moi seule je ne sais rien et je n'apprends rien. On ne
me croit pas lorsqu'à ces questions je hausse les
épaules en toute candeur en disant que j'ignore tout.
Enfin, qu'il en soit comme vous voudrez. Oh! qu'il est
ennuyeux de vivre... » (*22 mars 1900.*)

« Vous êtes très malheureuse, répond Tchekhov,
mais il faut croire que ce ne sera pas pour longtemps,
car bientôt, très bientôt vous serez dans le train et vous
goûterez avec un grand appétit. »

L'été approchait. La jeune femme partit pour Yalta.

3 juin 1900 : « Que devenez-vous ? Je vous envoie
mes amitiés, ainsi qu'à Macha et à Evguénia Yakolevna
(la sœur et la mère de Tchekhov). Maman vous salue.
Olga Knipper. »

....

6 août 1900, entre Sébastopol et Kharkov :
« Bonjour, mon chéri ! Comment as-tu passé la
nuit ? »

Leur liaison avait commencé en Crimée, peut-être
dans ce Goursouf où Véra Kommisarjevskaïa avait
essayé en vain de séduire Tchekhov, peut-être dans la
maison de Yalta. L'actrice venait rejoindre l'écrivain, le
soir, dans son cabinet de travail, lorsque tout dormait.
Au jardin, des acacias plantés par Anton Pavlovitch
poussaient, « longs et souples ». « Au moinde souffle
de vent, ils ondulaient pensivement, s'inclinaient, et il
y avait quelque chose de fantastique dans ces mouvements, quelque chose d'inquiet et de nostalgique. »

Tchekhov et Olga Léonardovna les contemplaient
tous deux à travers les grandes fenêtres à l'italienne,
éclairées par la lune. On entendait le bruit de la mer, le
souffle du vent dans les arbres. Sur la route réson-

naient les voix et les rires des touristes partis en cavalcades par ces belles nuits ; des jeunes gens allumaient des feux dans la montagne, se baignaient au clair de lune, et leurs chansons parvenaient jusqu'à la maison blanche. La mère de Tchekhov et sa sœur dormaient depuis longtemps dans leurs petites chambres tranquilles... Il fallait prendre garde de ne pas les éveiller. Cette intrigue sous leur toit, avec une actrice, les scandaliserait, songeait Anton Pavlovitch. Olga Knipper pensait que les deux femmes avaient tout deviné depuis longtemps... Mais, enfin, on parlait doucement ; on étouffait le bruit des baisers et des rires. Car elle aimait bavarder avec Tchekhov, ces nuits-là, et ses histoires drôles, ses enfantillages (comme celui de défaire son chignon, de répandre ses cheveux sur ses épaules et de jouer à la sorcière), tout cela amusait, touchait l'écrivain. Elle lui préparait longuement du café qu'ils buvaient ensemble. Puis, ils se taisaient. Quand la nuit s'achevait, il l'accompagnait jusqu'à cet escalier dont les marches craquaient si fort dans les ténèbres.

Mais l'été s'écoulait et il fallait se séparer encore. Il ne prononçait pas les paroles attendues : il ne fixait pas la date du mariage. Il hésitait. Pouvait-il l'arracher au théâtre ? Elle ne le voudrait pas, et il était trop respectueux de la liberté d'autrui pour lui demander ce sacrifice. Mais alors, si elle demeurait au théâtre et lui, malade, à Yalta, que serait cette union ? De nouveau la solitude, cette vie qui coulait « ni gaie, ni ennuyeuse, mais comme ci, comme ça », ces journées vides, avec comme unique perspective la mort qui approchait et, comme événements, la visite d'une admiratrice de loin en loin, la lecture des journaux et, le soir, la fièvre. Et elle, pendant ce temps, à Moscou, continuerait à danser « jusqu'à cinq heures et demie, en robe d'or, en

grand décolleté », à être courtisée et admirée, à vivre si
loin, si loin de lui ! Il n'était pas jaloux. Il se réjouissait
de son bonheur, de ses succès. Malgré tout, il était un
homme..., il eût aimé avoir sa maîtresse à lui seul.
Quand il venait passer quelques jours à Moscou, elle
ne pouvait lui donner, comme il l'eût désiré, toutes ses
pensées, tout son temps : « Lorsque j'arriverai, nous
irons de nouveau à Petrovskoïe-Rasoumovskoïe (c'était
un parc aux environs de Moscou). Mais seulement que
ce soit pour toute la journée, et que le temps soit beau,
un temps d'automne, et toi, de bonne humeur, et que
tu ne me dises pas à chaque instant que tu dois courir
à une répétition. » (*20 août 1900.*)

« L'hiver, tu oublieras quel homme je suis ; moi j'en
aimerai une autre, j'en rencontrerai une autre, pareille
à toi ; et tout ira comme autrefois... »

« Demain, ma mère part pour Moscou, peut-être,
moi aussi partirai-je bientôt, quoique ce soit parfaitement ridicule. Pourquoi partir ? Pourquoi ? Pour nous
voir et repartir de nouveau ? Comme c'est intéressant... »

Parfois, cet homme si maître de lui, si pudique dans
l'expression de ses sentiments, laisse échapper une
plainte, un reproche :

« Tu es froide terriblement, dit-il, comme d'ailleurs
il convient à une actrice. Ne te fâche pas, chérie, je le
dis comme ça, entre autres... »

Mais elle l'aimait, et elle avait bien décidé qu'il lui
appartiendrait. En Russie, le plus souvent, c'était la
femme qui décidait de ces choses-là. L'homme, de
caractère doux, rêveur et passif, remettait volontiers sa
vie entre les mains de sa compagne.

Tout le monde autour d'elle savait ou devinait le
roman. Anton Pavlovitch écrivait cérémonieusement à
sa sœur : « Salue de ma part Olga Léonardovna. »

— Nous avons ri toutes deux, répond Olga : ah ! tu es un grand enfant...

Mais, parfois, elle s'inquiétait. Il écrivait rarement. Ne voulait-il plus la voir ? Que lui cachait-il ? Était-il vrai qu'il partait pour l'étranger de nouveau ? Pourquoi ? Ne viendrait-il pas à Moscou pour quelques jours ? Le temps était beau. Elle posait mille questions à la manière des femmes et refusait de répondre à l'unique interrogation (informulée, il est vrai) de Tchekhov, mais qu'on lisait entre les lignes de ses lettres : serait-elle un jour à lui seul, ou toujours partagée entre lui et le théâtre ?

Elle s'exclamait alors avec la touchante mauvaise foi féminine :

— Mais tu as un cœur tendre et aimant, pourquoi le durcis-tu ?

Tchekhov ne pouvait souffrir tout ce qui ressemblait à des scènes, des explications, à ces dialogues entre deux êtres qui essaient en vain de montrer la pensée que l'on ne montre jamais complètement, qui s'épuisent à découvrir l'un à l'autre leur âme sans jamais y parvenir. Mieux valait se résigner et se taire.

Il écrit tristement cette lettre adorable :

« À Yalta, toujours pas de pluie. Voilà la sécheresse ! Les pauvres arbres, surtout ceux qui sont sur la montagne, de ce côté-ci, de tout l'été n'ont pas reçu une seule goutte d'eau, et ils sont jaunis maintenant : de même, il arrive que des gens, pendant toute leur existence, ne reçoivent pas une goutte de bonheur. Sans doute il le faut ainsi. » (*27 septembre 1900.*)

La vie continuerait, songeait-il. Olga viendrait, elle repartirait. Il n'aurait jamais de véritable foyer. Sans doute le fallait-il ainsi ?

Mais lorsqu'il l'invita de nouveau à Yalta, elle refusa avec indignation. Elle ne voulait pas continuer à être sa

maîtresse, à venir le retrouver en cachette la nuit —
« c'est impossible, tu as une âme si subtile et tu
m'appelles ! Est-il possible que tu ne comprennes
pas ? » (*3 mars 1901.*) Elle disait qu'elle ne supporterait
pas le regard douloureux de la vieille Mme Tchekhov
et l'étonnement de Marie. « Tu te souviens comme
c'était pénible cet été, comme c'était torturant. Jusqu'à
quand nous cacherons-nous ? Et pourquoi ?... Il me
semble que tu t'es refroidi envers moi, que tu ne
m'aimes plus comme avant, que cela te plaît simplement que je vienne chez toi, que je tourne autour de
toi, et c'est tout ; tu ne me vois pas comme un être
proche de toi. »

Cependant, elle continuait sa vie au théâtre. Elle
jouait à Moscou et, en tournée, à Saint-Pétersbourg.

C'était au mois de mars, en 1901. Dans la capitale
des troubles avaient éclaté. Sur la place, devant la
cathédrale de Kazan, les cosaques chargèrent la foule à
coups de nagaïka. Des étudiants, des jeunes filles
furent tués ou blessés. Dans d'autres grandes villes, le
sang coulait. La troupe du Théâtre Artistique de Moscou dînait chez *Contant*[1] ; Olga Knipper portait une
robe de velours noir avec un petit col de dentelle.
Pétersbourg discutait passionnément la mise en scène
de Stanislavski, les pièces d'Ibsen, le nouveau drame
de Tchekhov : *les Trois Sœurs.*

---

1. Célèbre restaurant de Pétersbourg.

XXXII

« Si tu me donnes ta parole que pas une âme à Moscou ne connaîtra notre mariage jusqu'à ce qu'il soit accompli, je t'épouserai le jour même de mon arrivée, si tu le veux. J'ai horriblement peur de la noce, je ne sais pourquoi, et des félicitations, et de la coupe de champagne qu'il faut garder à la main en souriant vaguement. » (*Jeudi 19 avril 1901*).

Ainsi tout ce que la jeune femme avait imaginé, redouté (la froideur subite de Tchekhov, des malentendus, mille chimères), tout se réduisait à ceci : la timidité, la pudeur masculines. Elle sourit, pensa une fois de plus, sans doute, qu'il n'était qu'un grand enfant, et accepta tout ce qu'il désirait. Le mariage fut, en effet, entouré de tant de mystères, que les plus proches parents de Tchekhov l'ignorèrent. Son frère, Ivan Pavlovitch, vint le voir le jour même des noces et ne devina rien. Le vendredi 25 mai 1901, dans une petite église de Moscou, l'écrivain et l'actrice furent unis en présence seulement des quatre témoins qu'exigeait la loi. Après une courte visite à la mère d'Olga Léonardovna qui n'avait même pas osé les inviter à dîner pour ne pas déplaire à Tchekhov, ils partirent aussitôt pour Nijni-Novgorod et les bords de la Volga. À Moscou, les médecins n'avaient pas été satisfaits de la santé d'Anton Pavlovitch et on lui avait prescrit une cure de lait de jument. Cette médication semble avoir eu un grand succès en Russie, dans les premières années du siècle. Nous savons que Tolstoï fit parfois des cures analogues.

Tchekhov et sa femme passèrent le printemps au bord de la Volga, dans un sanatorium, puis repartirent pour Yalta. Mais ils ne devaient pas demeurer longtemps ensemble : c'était l'automne, le début de la saison théâtrale. Olga Knipper laissa son mari en Crimée et revint à Moscou.

Une vie étrange commençait ; elle était torturante pour deux êtres amoureux. Sans cesse des séparations, des regrets, des malentendus, de vains espoirs; des plaintes ; sans cesse, pour Tchekhov, la solitude.

Au début de leur mariage, il avait écrit à Olga Léonardovna :

« Ma toux m'enlève toute énergie... Pense toi-même à l'avenir. Sois la maîtresse ; ainsi que tu le diras, j'agirai. »

Certes, il avait aimé en elle son ardeur, sa vitalité, peut-être une certaine froideur virile qui se dissimulait sous des dehors très féminins, très gracieux. Elle pleurait souvent ; elle avait « ses nerfs ». Elle disait que lui seul pouvait la consoler, l'apaiser, qu'elle avait besoin de lui, mais, en réalité, il était bien forcé de voir qu'elle se passait de lui. Et quelle existence pouvait-il lui offrir ? Celle de garde-malade dans la triste, la poussiéreuse Yalta, à elle qui pouvait travailler, voyager, s'amuser, s'instruire, vivre en un mot. Toute autre vie eût été pour elle un sacrifice, et il ne voulait pas demander de sacrifice. Pour une Latine, la question eût été plus simple, mais c'était une Nordique : le dévouement absolu à l'homme lui paraissait dur et, aux yeux de Tchekhov, un tel don eût semblé incompréhensible et sauvage. Elle était, comme lui, un être humain. Elle devait vivre pleinement, et lui... « sans doute, mon sort est ainsi », disait-il.

Il se plaignait rarement, et avec une discrétion, une délicatesse extrêmes : « Je m'ennuie beaucoup sans toi. Je me suis habitué à toi comme si j'étais petit... » (*24 août 1901*.) « Je t'aime, je m'ennuie sans toi, ma joie, ma petite Allemande, mon petit enfant. Ta seconde lettre est déjà plus courte, et j'ai peur que tu ne deviennes plus froide envers moi ou, du moins, que tu t'habitues à ne pas m'avoir près de toi. » (*27 août 1901*.)

« Je voudrais passionnément voir ma femme à moi. Je m'ennuie d'elle et de Moscou, mais on ne peut rien y faire. Je pense à toi et je me souviens de toi presque à chaque heure. Je t'aime, ma douce... » (*15 novembre 1901*.)

Elle aussi souffrait. Elle l'aimait d'une tendresse fiévreuse et pleine de remords. Lorsqu'ils étaient ensemble, pendant les mois d'été ou lors de leurs brèves entrevues en Crimée ou à Moscou, ils vivaient si bien, si tranquillement... Elle le soignait parfaitement ; elle s'occupait de ses vêtements, de sa nourriture. Quand elle était absente, les dîners étaient mauvais ; on ne chauffait pas les poêles ; les domestiques négligeaient leur service. La mère d'Anton Pavlovitch et une vieille servante s'occupaient de lui, mais l'une avait 70 ans, et l'autre 80. Leurs grands efforts pour son bien-être donnaient de médiocres résultats. Oui, il fallait à Tchekhov sa femme, et elle songeait avec tristesse à l'écrivain malade, seul, à « son cher visage tendre », à « ses yeux aimants, caressants ». Alors, elle écrivait :

« Je voudrais être avec toi. Je m'injurie de ne pas avoir abandonné la scène. Je ne comprends pas moi-même ce qui se passe en moi, et cela m'irrite... Cela me fait mal de penser que tu es seul là-bas, que tu es triste, que tu t'ennuies, et que moi, je suis occupée ici par une besogne éphémère, au lieu de me donner tout entière à mon amour. »

Elle lui écrivait cela, mais lorsqu'il faisait mine d'acquiescer (« Tu veux abandonner le théâtre ? Est-ce vrai ? »), tout de suite elle s'écriait :

« Sans travail, je m'ennuierais tout à fait. Je traînerais d'un coin à un autre, agacée par tout au monde. J'ai perdu l'habitude d'une vie oisive, et je ne suis pas assez jeune pour briser en une seconde ce que j'ai obtenu avec tant de peine. »

Cela, c'était le cri du cœur. Il était dur pour une femme énergique et pleine de talent de renoncer à ses légitimes ambitions. Tchekhov le comprit ; il se garda désormais de toute plainte. Il fit davantage : avec une noblesse d'âme extraordinaire, il s'efforça de la consoler, de la tranquilliser, de lui démontrer qu'elle n'était pas coupable :

« De ce que toi et moi ne vivons pas ensemble, ni toi, ni moi nous ne sommes coupables, mais le démon qui a mis en moi des bacilles et en toi l'amour de l'art. »

Et, ainsi, leur vie continuait. Olga Knipper était à Moscou ou à Saint-Pétersbourg. Le succès au théâtre, un dur mais fécond travail, l'amitié des hommes les plus célèbres, des femmes les plus brillantes : tel était le lot heureux de la jeune actrice. On jouait, cette saison, les premières pièces de Maxime Gorki ; on se passionnait pour cet écrivain nouveau. On discutait Ibsen et Sudermann. De vieux fonctionnaires retors versaient des larmes en écoutant *Oncle Vania* ou la plainte des trois sœurs : À Moscou ! À Moscou ! Et que de bals, que de soupers après le spectacle, que de bouquets, que de fêtes ! Olga Léonardovna était acclamée autant pour elle-même, pour son propre talent, que parce qu'elle était la femme d'Anton Pavlovitch. On disait d'elle qu'elle était une actrice intelligente, brillante. Elle passait avec aisance des « bas-fonds » de Gorki aux rôles des grandes coquettes. Tantôt elle portait (et avec le même plaisir) les haillons de la vagabonde, tantôt la robe rouge feu de la demi-mondaine dans une pièce de Némirovitch-Dantchenko. Pour ce dernier spectacle, la direction lui avait alloué 1 200 roubles à dépenser pour ses toilettes (« Au deuxième acte, j'aurai une robe de bal rouge qui resplendira comme une flamme, couverte de paillettes brillantes »). Les acteurs du Théâtre Artistique ne vivaient pas dans un monde à part, uniquement borné par les intérêts de la sècne. Ils étaient reçus, fêtés partout. Ils jouaient devant le Tsar. Ils étaient applaudis par les étudiants pauvres, par les aristocrates, par les hauts fonctionnaires, par les riches marchands. La Russie tout entière connaissait ces acteurs ; ils respiraient un air d'adulation, de louanges.

« Le Théâtre Artistique, écrivait Gorki, c'est aussi beau et important que la Galerie Tretiakov, que Vassili Blajenny, que tout ce qu'il y a de meilleur à Moscou. »

La jeune troupe avait conscience des espoirs qu'on mettait en elle, de la fierté qu'elle inspirait. Chaque triomphe lui redonnait des forces nouvelles. Chaque erreur, au lieu de l'abattre, l'exaltait. Que le temps passait vite ainsi ! Les répétitions étaient longues, minutieuses. Tout le travail préparatoire était une joie, une fièvre. L'absence de vedettes, la cohésion de la troupe, un certain esprit de sacrifice et d'effacement au profit du travail commun, tout cela idéalisait, ennoblissait la scène. Dans les lettres d'Olga Knipper, il est à peine question de cachets, jamais de publicité, très rarement de jalousies ou d'intrigues. Un extraordinaire amour du travail bien fait l'anime. Et, après le travail, les divertissements occupent une grande place dans son existence. Tantôt c'est un souper chez des amis (« tout était très bon : de petits champignons, des harengs, des zakouskis, de merveilleux petits pâtés qui fondaient dans la bouche, un esturgeon, de la viande avec des légumes et une glace au chocolat »), tantôt les acteurs organisaient un spectacle pour eux-même et leurs amis (« Nous avons fait la noce jusqu'à 4 heures du matin. C'était une sorte de folie... J'ai joué au chat et à la souris »), tantôt on se rencontrait chez Olga Knipper (« l'appartement sens dessus dessous ; on a bu, on a mangé, on a chanté, on a dansé »). Puis, c'est un arbre de Noël, un souper encore qui dure jusqu'à 10 heures du matin, car vers 7 heures seulement Chaliapine, qui jusque-là était de mauvaise humeur, s'était radouci tout à coup et avait commencé à chanter des romances tziganes.

« Tu t'amuses bien, ma chérie », écrit Anton Pavlovitch. Elle, alors, proteste :

— Tu appelles amusement notre folie des derniers jours ? Voyons, mon ami !

Et, en effet, c'était pour elle le traintrain ordinaire et monotone des jours. Elle n'eût pas hésité un instant à abandonner tous ces plaisirs pour courir vers son mari. Ce qui la retenait, c'était le « dévorant théâtre ».

Tchekhov, cependant, décrivait, lui aussi, son existence : il avait craché le sang pendant quelques jours, mais il allait mieux maintenant. Surtout, la jeune femme ne devait pas s'inquiéter. Il portait une compresse ; elle était énorme et incommode. Il n'y avait pas de crème à Yalta ; les médecins lui recommandaient de manger beaucoup ; il faisait de son mieux, mais, parfois, n'avait guère d'appétit. Il avait attrapé deux souris. Qui oserait dire qu'il ne faisait rien ? Il pleuvait, il faisait froid.

Voyait-il du monde ? Oui, beaucoup trop. « Un ami

vient de m'emprunter 600 roubles jusqu'à vendredi. On m'emprunte toujours de l'argent « jusqu'à vendredi. » Sa femme ne pourrait-elle venir passer auprès de lui deux ou trois jours, pas davantage ? Non ? C'était impossible ? Tant pis ! Elle viendrait peut-être pour Noël ? Non ? On répétait une pièce nouvelle ? Toutes ses journées étaient prises ? Elle était désolée de lui faire de la peine. L'avait-il attendue ? Pauvre Anton ! Mais non : « Je ne t'attends pas pour les fêtes, il ne faut pas venir ici, mon petit chéri, écrivait-il. Travaille, nous aurons encore le temps de vivre ensemble. Je te bénis, ma petite fille. » Elle s'arrangerait peut-être pour aller le voir pendant la première semaine du carême ?

Ah, dévorant théâtre ! Oui, elle s'arrachait à la scène pour quatre, cinq jours, elle arrivait, elle organisait un semblant de foyer. Elle s'asseyait auprès de lui, dans son grand fauteuil, ou elle s'agenouillait devant lui, à ses pieds. Elle lui parlait du théâtre ; elle lui chantait ses romances préférées. Elle repartait. Il demeurait seul. Il allait s'asseoir sur son banc, au soleil, parmi ses animaux favoris, des chiens, des cigognes qui criaient d'une voix rauque et étrange ; ils coupait les branches des rosiers, mais cela le fatiguait trop ; il se sentait essoufflé ; de nouveau il se traînait jusqu'à son banc.

Il écrivait : « Dieu soit avec toi. Sois gaie et en bonne santé, ma petite enfant ; écris plus longuement à ton méchant mari. Quand tu es de mauvaise humeur, tu deviens vieille, terne, et quand tu es gaie ou comme à l'ordinaire, tu es un ange. » (*15 décembre 1901.*)

Elle avait bu et dansé jusqu'à 8 heures du matin : « Comme je t'envie, si tu savais ! J'envie ton courage, ta fraîcheur, ta santé, ton humeur... » « Je vis comme un moine, et je ne rêve qu'à toi seule... »

Oui, c'était une singulière union, et l'amour existait, sans aucun doute, égal et ardent des deux côtés. Mais c'était l'homme, contrairement à ce qui se passe d'ordinaire, qui sacrifiait son bonheur à celui de sa compagne, la femme qui acceptait le sacrifice. Mais ce renversement des rôles devait être hors de la norme, car il éveillait des remords aigus dans l'âme d'Olga Knipper et jamais elle ne pouvait être pleinement heureuse.

Ils parlaient rarement de ce qui les séparait. À quoi bon ! À mesure qu'il vieillissait, l'écrivain devenait de plus en plus réticent et pudique. Il ne voulait ni se plaindre, ni même expliquer ce qu'il eût désiré. Toutes les paroles étaient fausses. Personne ne pouvait comprendre autrui. Surtout, il fallait se garder des sermons, de la morale et des grands mots. Tout était inutile. On meurt seul comme on a vécu. Ni l'amour ni l'amitié ne peuvent alléger cette solitude. Il faut se taire. Il faut tout supporter et s'incliner sans rien dire. « Souffre et tais-toi... Quoi que l'on dise, quoi qu'il puisse te sembler, tais-toi et tais-toi... »

Il souhaitait de toutes ses forces la sérénité, le détachement. Ce n'était pas facile. Il tenait à bien des choses, au succès de ses pièces et de ses livres, à sa femme, à la santé, à la vie. Tout lui serait retiré, petit à petit.

Il était étendu dans son cabinet de travail. Il avait de la fièvre. Il soupirait :

— Vivre pour mourir, ce n'est pas très drôle, mais vivre en sachant que l'on mourra de bonne heure, c'est tout à fait bête...

La vie n'avait aucun sens. Du moins, il était impossible à l'homme de lui trouver un sens ; elle échappait à la raison humaine. L'homme n'avait de pouvoir que sur lui-même, sur sa propre âme. À force de patience, de courtoisie, de dignité, de calme, on pouvait répétrir son propre cœur. De cela seul, sans doute, Tchekhov était sûr.

Comme il détestait Yalta ! La Crimée était belle, mais cette ville, « à la fois européenne et petite-bourgeoise » ressemblait à une foire. « Des hôtels pareils à des boîtes et où se fanent de malheureux poitrinaires, d'insolentes gueules tartares..., une odeur de parfumerie au lieu du parfum des cèdres et de la mer. » Yalta lui avait toujours déplu. Maintenant, elle lui était odieuse. Qu'il eût aimé la fuir ! Les trois sœurs répètent : « À Moscou ! À Moscou ! » Ce ne sont que des reflets de Tchekhov lui-même. Moscou, le bruit de ses cloches, son air glacé, ses traîneaux, tout cela lui manquait. Et Moscou, c'était la vie, le théâtre, l'amour ! Ici, il se promenait sans but au bord de la mer. C'était un homme maigre, à la démarche légère, aux yeux tendres, presque féminins. Le visage ridé s'assombrissait ; les cheveux étaient toujours trop longs, la barbe négligée. Des jeunes filles le contemplaient avec adoration. Il avait fait bâtir à Yalta une petite maison blanche dans une avenue poussiéreuse. Il y vivait avec sa mère. Les chambres étaient toujours silencieuses et froides. Sur sa table de travail brillaient deux bougies quand venait le soir. Parfois, il demeurait des journées entières immobile dans un fauteuil, les yeux fermés. Sa vieille mère hésitait, soupirait (elle savait qu'il n'aimait pas parler de sa santé), puis elle ne pouvait plus y tenir ; elle s'approchait de lui, demandait timidement :

— Tu es souffrant, Antocha ?

Il répondait :

— Moi ? Non, ce n'est rien. J'ai un peu mal à la tête.

Quand il se sentait mieux, il descendait au jardin et regardait le cimetière tartare, non loin de là, éclairé par le soleil. Se souvenait-il parfois de son vœu imprudent : « ... Le bonheur qui continue de jour en jour, d'un matin à un autre matin : je ne le supporterais pas. Je promets d'être un excellent mari, mais donnez-moi une femme qui, ainsi que le fait la lune, n'apparaisse pas quotidiennement à mon horizon. » (*Lettre à Souvorine, 1895*.)

XXXIII

Tchekhov écrivait *la Cerisaie*. Il voulait faire une pièce gaie, un vaudeville, peut-être pour s'arracher à la tristesse de sa vie. Peu à peu, on ne sait comment, *la Cerisaie* devint un drame. Tout y respire une odeur de mort. Tchekhov met en scène des nobles ruinés, un admirable domaine voué à la destruction, des âmes plaintives et douces, sans défense. On retrouve dans *la Cerisaie* un souvenir de Babkino, un écho des soirées d'Ukraine, dans la maison des Lintvarev, des années abolies, des visages disparus, une grande partie de la jeunesse de Tchekhov. Il ne pouvait décrire, disait-il, que le passé : « il faut qu'un sujet soit filtré à travers ma mémoire et qu'y demeure seulement ce qui est important ou typique ». Maintenant qu'il vivait loin de la campagne russe, elle lui apparaissait de nouveau. *La Cerisaie* était destinée, naturellement, au Théâtre Artistique de Moscou. Cette année-là (1903-1904), les médecins permirent enfin à Tchekhov de quitter Yalta. Il était heureux. Il allait retrouver enfin ce climat de neige et de glace qu'il aimait. Il était joyeux comme un enfant en regardant sa pelisse et son bonnet de fourrure.

« Il semblait, écrit Olga Knipper, que le sort eût décidé de le gâter et de lui donner enfin, pour une courte saison, tout ce qui lui était cher... Moscou, l'hiver et le théâtre !»

La Cerisaie fut un triomphe. Les trois pièces de Tchekhov qui avait été bien accueillies (*la Mouette*, au Théâtre de Moscou, *Oncle Vania* et *les Trois Sœurs*) avaient commencé leur carrière en l'absence de l'auteur. Il n'avait assisté qu'aux échecs. Mais, décidément, le sort était bienveillant à son égard, cette année-là. Le public vit monter sur la scène, au dernier acte de *la Cerisaie*, un homme faible et pâle : Anton Tchekhov. «Très attentivement, très sérieusement», il écoutait les acclamations qui montaient vers lui. On admirait l'écrivain ; on respectait l'homme. On ne fêtait pas seulement en lui «le Maupassant russe», mais un être humain qui avait vécu avec dignité et avec courage. On racontait comment il avait pris soin de ses paysans pendant les épidémies à Mélikhovo, comment il avait aidé (lui qui n'avait jamais eu d'argent et qui mourrait pauvre) tous les malheureux, tous les poitrinaires de Yalta. On répétait surtout à voix basse les termes de sa lettre de démission à l'Académie. Il avait été élu, quelque temps auparavant, ainsi que Maxime Gorki, mais le tsar avait fait annuler l'élection de ce dernier pour des raisons politiques, et Tchekhov avait refusé de siéger davantage parmi les académiciens. Dans les applaudissements qui l'accueillaient ce soir, il y avait une part de snobisme, une part de démagogie et, sans nul doute, Tchekhov le sentait, et c'était cela peut-être qui lui donnait ce regard pénétrant et sérieux. Jamais il ne fut dupe. « Il semblait contempler cette agitation de très haut, à vol d'oiseau. » Mais dans cette fumée de gloire demeurait une pure essence de respect et d'amour, et il en était heureux. Il avait peine à se tenir debout. On criait : « Asseyez-vous ! Reposez-vous, Anton Pavlovitch !»

Il refusait, et on dut l'asseoir presque de force dans un grand fauteuil qui fut traîné sur la scène. Il paraissait encore plus frêle et plus pâle maintenant, et tous comprenaient qu'ils avaient devant eux un homme condamné. C'était le 17 janvier 1904. Exactement quarante-quatre années auparavant, dans une pauvre maison de Taganrog, ce fils de boutiquier était né. Il songeait peut-être à cette lointaine enfance, peut-être à la mort qui approchait.

Au commencement de l'été, il partit avec sa femme pour Badenweiler ; c'était une ville d'eau allemande, claire et propre, dans la Forêt-Noire. Il passa quelques jours à Berlin ; les médecins allemands s'aperçurent que son cœur donnait des signes de fatigue. Quant aux poumons, ils étaient rongés à un tel point qu'il eût pu vivre encore six ou huit mois, pas davantage. Malgré tout, Olga Léonardovna ne perdait pas tout espoir. Tchekhov lui-même avait des jours de bonne humeur, de relatif bien-être ; il faisait des projets de travaux, de voyage. Toutefois, en quittant Berlin, il donna l'ordre de faire verser l'argent qui lui était dû au nom de sa femme. L'ami à qui il s'adressait ainsi parut étonné et demanda la raison de ce désir. Tchekhov hésita, puis :

— Comme ça, dit-il en haussant doucement les épaules : à tout hasard.

Il trouva un hôtel agréable, entouré d'un joli jardin. Sa chambre était ensoleillée jusqu'à 7 heures du soir. Il s'asseyait sur le balcon ; il regardait la ville, les passants, les montagnes au loin. Il avait de douloureuses crises d'étouffement. Il ne parlait guère, puis, par instant, une expression malicieuse passait sur son visage consumé par la fièvre. Il racontait des histoires comiques, de ce comique tendre et léger, si tchekhovien, qui faisait rire aux larmes Olga Léonardovna. À mesure que la mort approchait, il devenait de plus en plus calme, patient et doux, de plus en plus lointain aussi, se retirant insensiblement en lui-même, retrouvant au fond de son cœur un îlot de solitude. Puis, brusquement, par une chaude journée de juillet, il se sentit mal. Pendant trois jours on craignit pour sa vie ; enfin, il parut se remettre. Le cœur tenait. Vers le soir, il dit à sa femme qu'il allait beaucoup mieux.

— Va donc te promener, va courir dans le parc, murmura-t-il d'une voix faible.

Elle ne l'avait pas quitté : elle avait peur. Il insista pourtant. Elle descendit alors dans le parc et, lorsqu'elle revint, elle le trouva inquiet. Pourquoi ne dînait-elle pas ? Elle aurait faim. Jusqu'à la dernière minute il se préoccupa d'elle plus que de lui-même. Mais ni l'un ni l'autre n'avait entendu le gong qui annonçait le dîner. Olga Léonardovna se coucha sur un petit canapé près du lit d'Anton Pavlovitch. Elle se taisait ; elle était triste et lasse, « quoique, dit-elle plus tard, elle n'eût pas le moindre soupçon que la fin fût si proche ».

Pour la distraire, Anton Pavlovitch commença à imaginer un récit, « décrivant une ville d'eau très chic, avec beaucoup de gros baigneurs repus, en bonne santé, aimant bien manger, d'Anglais et d'Américains aux joues rouges, et voici que tous... rentrent chez eux en rêvant à un bon dîner, mais le cuisinier est parti ». Comment tous ces gens heureux, gâtés, réagiront-ils à ce coup du sort ? Il parlait et Olga Léonardovna l'écoutait en riant. La nuit venait. Peu à peu l'hôtel, la petite ville s'apaisèrent et s'endormirent dans le cercle des forêts et des collines. Le malade se tut. Quelques heures plus tard, il appelait sa femme auprès de lui et lui demandait d'aller chercher le médecin. « Pour la première fois de sa vie, dit Olga Léonardovna, il réclamait lui-même un docteur. »

L'hôtel était plein de monde, mais tous dormaient et la femme de Tchekhov se sentait plus abandonnée et seule encore au milieu de cette foule indifférente. Elle se rappela que deux étudiants russes habitaient non loin de là. Elle les éveilla. L'un d'eux courut à la recherche d'un docteur, tandis qu'Olga Léonardovna brisait de la glace pour la mettre sur le cœur du mourant. Il la repoussa doucement :

— On ne met pas de glace sur un cœur vide...

C'était une chaude nuit de juillet. On avait ouvert toutes les fenêtres, mais le malade respirait avec peine. Le médecin fit une piqûre d'huile camphrée qui ne ranima pas le cœur. C'était la fin. On apporta du champagne. « Anton Pavlovitch, écrit Olga Knipper, s'assit et, avec une sorte de gravité, dit tout haut en allemand au docteur (il parlait très mal l'allemand) : « Ich sterbe. » « Je meurs. » Puis il prit la coupe, tourna vers moi son visage, sourit de son merveilleux sourire, dit : « Il y a longtemps que je n'ai bu du champagne » ; il but calmement tout, jusqu'au fond ; il se coucha doucement sur le côté gauche. »

Un papillon de nuit, énorme et noir, pénétra au même instant dans la chambre. Il volait d'un mur à un autre, se jetait sur les lampes allumées, retombait douloureusement, les ailes brûlées, et reprenait son vol aveugle et fatal. Puis il retrouva la fenêtre ouverte sur la douce nuit obscure et disparut. Tchekhov, cependant, avait cessé de parler, de respirer, de vivre.

ÉPILOGUE

Le temps passait. La Russie avait connu la guerre japonaise, la défaite, la révolution de 1905. Maintenant, c'était 1914, une autre guerre, plus terrible ; une seconde défaite, une révolution plus cruelle approchaient.

Maxime Gorki, malade, vivait en Finlande. Un soir, il se souvint de son ami Tchekhov, disparu depuis dix ans. Il écrivit :

« J'ai de la fièvre depuis cinq jours, mais je n'ai pas envie de me coucher. La fine pluie grisâtre de Finlande couvre la terre d'une poussière mouillée. Les canons tonnent sur la forteresse de Juno... À la nuit, les projecteurs lèchent les nuages de leur langue... Le spectacle est affreux, car il ne permet pas d'oublier ce sortilège diabolique : la guerre.

« Je viens de lire Tchekhov. S'il n'était pas mort il y a dix ans, la guerre, sans doute, l'eût tué, elle l'aurait empoisonné au préalable en emplissant son cœur de haine envers les hommes. Je me suis rappelé son enterrement.

« Le cercueil de l'écricain que Moscou « aimait si tendrement » arriva dans un wagon vert portant l'inscription suivante, en grosses lettres, sur ses portières : « Huîtres ». Une partie de la foule, peu nombreuse, qui s'était réunie à la gare suivit par erreur le cercueil

du général Keller, que l'on ramenait de Mandchourie ;
elle s'étonna de voir que l'on enterrait Tchekhov au
son de la musique militaire. Lorsqu'elles comprirent
enfin qu'elles s'étaient trompées, certaines personnes
joviales commencèrent à sourire et à ricaner. Derrière
le cercueil de Tchekhov cheminait une centaine de
personnes — pas plus. Je me rappelle surtout deux
avocats, tous deux portaient des souliers neufs et des
cravates voyantes — on aurait dit des fiancés. Je mar-
chais derrière eux et j'entendais l'un d'eux, Vassili
A. Maklakov, parler de l'intelligence des chiens ; un
autre, un inconnu, vantait le confort de sa villa et la
beauté du paysage et de ses environs. Et une dame en
robe mauve, avec une ombrelle de dentelle, essayait de
convaincre un petit vieux aux lunettes de corne : « Ah !
il était extraordinairement gentil, et si spirituel ! » Le
vieillard toussotait d'un air incrédule. La journée était
chaude et poussiéreuse. Un gros gendarme monté sur
un gros cheval précédait majestueusement le cor-
tège. »

Mais dans cette foule indifférente se tenaient
l'une près de l'autre la femme et la vieille mère de
Tchekhov. Plus que tout au monde sur cette terre,
Tchekhov les avait aimées.

FIN

DU MÊME AUTEUR

Aux Éditions Albin Michel

LE PION SUR L'ÉCHIQUIER.

LE VIN DE SOLITUDE.

JÉZABEL.

LA PROIE.

DEUX.

LES CHIENS ET LES LOUPS.

LES BIENS DE CE MONDE.

LES FEUX DE L'AUTOMNE.

Chez d'autres éditeurs

L'ENFANT GÉNIAL, Fayard

DAVID GOLDER, Grasset.

LE BAL, Grasset.

LE MALENTENDU, Fayard.

LES MOUCHES D'AUTOMNE, Grasset.

L'AFFAIRE COURILOF, Grasset.

FILMS PARLÉS, Gallimard.

DIMANCHE, Stock.

DESTINÉES ET AUTRES NOUVELLES, Sables.

SUITE FRANÇAISE, Denoël.

Reproduction photomécanique
Impression Bussière, janvier 2005
Éditions Albin Michel
22, rue Huyghens, 75014 Paris
www.albin-michel.fr
ISBN 2-226-15847-2
N° d'édition : 23232. – N° d'impression : 045117/1
Dépôt légal : janvier 2005
Imprimé en France.